中国社会研究　　丛书主编／邱泽奇

当代社会的金融化与技术化：制度结构的转变

The Financialization
and
Technicalization of
Contemporary Society:
Institutional Transition

主编／邱泽奇　陈介玄　刘世定

社会科学文献出版社
SOCIAL SCIENCES ACADEMIC PRESS (CHINA)

序　言

本书以"当代社会的金融化与技术化：制度结构的转变"为题，有对当代社会的金融化和技术化挑战进行系统回应的意涵，实则只是对挑战的零碎思考。

金融力量对社会的影响伴随着技术创新与应用的发展不断扩展与深入，深刻地影响着人类的生产与生活，成为一种支配社会的力量或资本支配社会的新形态。与此同时，数字技术的创新与应用自从桌面电脑出现以来，迅速发展为一股既与金融力量汇流却又不止于金融力量的影响甚至左右人类社会几乎所有方面的力量，一股彻底改变人类生产与生活的堪称数字革命的力量。

遗憾的是，社会学家们依然醉心于思想、文化、观念的力量，或将对社会的技术性刻画作为自己努力的目标，而置身边的滚滚历史洪流于不顾。不过，也有一些人克服学科刻板印象，愿意对影响人类历史的力量进行探讨。2002 年北京大学中国社会与发展研究中心和东海大学社会学系的一些人试图对社会的金融化和技术化进行探讨，以"金融、技术与社会"为题，定期或不定期地举办研讨会，到 2018 年共举办了九届研讨会。参加会议的人员既有两岸对这一议题感兴趣的学者、学生，也有业界的专业人士，探讨的主题也不是从一开始就计划好的，而是随着时间的推移，选择有共识的主题加以探讨。

2017 年 1 月，为呈现前八届研讨会的零碎思考与探讨，会议的主要组织者商议先将已有的系统论述结集出版。结集的原则是，将前八届研讨会中议题相近的文章加以归拢，以适宜出版为基准，形成专题。最终，形成了 4 个专题。第一个专题以《当代社会的金融化与技术化——学科路径的探索》为题于 2017 年出版。第二个专题以"当代社会的金融化与技术化：制度结构的转变"为题，原本希望在 2018 年出版，但由于各种原因延宕至今。

在文章的选择上，我们没有将金融化和技术化予以区分，理由如下。第一，金融化的确是自证券市场产生以来影响人类社会生活的重要力量，甚至是影响技术创新、产业发展方向的重要力量，在本质上也可被称为一种技术——资本技术。第二，技术与人类的社会生活相伴随，也是支撑甚至是改变金融活动的力量，是一种更加普遍的力量，对金融化而言，技术是更加底层的力量。技术化则是非常晚近的社会现象，是自数字技术走向社会化应用之后出现的社会现象，不过几十年的时间而已，且还在发展之中。第三，在社会演化进程中金融化和技术化是相辅相成的两股力量，是不可分割的两股力量，在我们看来，观察金融化或许是观察技术化的窗口。

如果说第一个专题试图为社会学对金融化和技术化的研究提供学科性的认识，那么，第二个专题则试图就约束金融化和技术化的顶层力量即制度展开分析。收录的文章是从第一届研讨会至第八届研讨会的文章中选出来的。其中第 1~3 篇文章来自第一届研讨会（2002 年），第 4~6 篇文章来自第三届研讨会（2006 年），第 7 篇文章来自第五届研讨会（2010 年），第 8~9 篇文章来自第六届研讨会（2011 年），第 10 篇文章来自第七届研讨会（2013 年），不适合这个主题的文章没有收录。

本书收录的文章均保留了会议当时的观点与论证逻辑，在出版之前虽进行了文字编辑与修订，但文献、观点、论证逻辑基本保留了原样。之所以在出版之际没有进行观点和文献的更新，原因在于我们想让读者从历史的视角观察两岸学人面对时代发展认识社会的历史进程，为记录学科发展留下历史印记。

本书的出版得到了北京大学社会科学部出版基金、社会科学文献出版社的支持，得到了各位作者的理解和支持，更有各位作者和编辑杨桂凤女士的辛勤付出，谨此表达真诚的谢意！

邱泽奇

2022 年 5 月

目　录

中国金融体制改革的历史、现状与趋势

曹远征*

非常高兴能够参加这个学术活动！按理说我是做经济学研究的，本身也是北大经济学教授，对社会学所知不多，但因为刘世定的邀请，只好来班门弄斧。今天我报告的题目是"中国金融体制改革的历史、现状与趋势"。需要说明的一点是，这个过程我是亲身参与的。今年（2002年）中国银行（香港）有限公司在海外成功上市，这可以说是金融改革的新趋势，银行也开始上市。我负责操作，所以有一些经验和体会，和大家交流一下，不知道这对社会学有多少帮助。

要理解中国金融体制改革的脉络，首先要从中国改革前的状况开始，因为它是历史的起点。1949 年中华人民共和国成立以后采取的是高度集中的计划经济体制。这样的体制是借鉴苏联、东欧国家的，初看起来和苏联、东欧国家的体制一样，但中国的初始状态迥异于苏联、东欧国家，其体制也有别于苏联、东欧国家。这一初始状态的不同所导致的路径依赖，使其改革路径也迥然不同。这也是我在国外常被问到的一个问题：为什么中国走的路和苏联不大一样？苏联采取休克疗法，而中国的改革则是渐进式的。我的回答是经济体制遗传因子不同。

什么是经济体制？它是经济活动的支撑系统，也就是能否组织经济活动并使之运转的支持体系。从世界范围看，到目前为止，人类共发明

---

* 曹远征，时为中国银行国际控股有限公司首席经济学家。

了两种适应社会化大生产的经济体制——市场经济体制和计划经济体制。经济体制主要解决两个问题：一个是激励机制问题，也就是经济活动的动力是什么，人凭什么、为什么去进行这样一种经济活动；另一个则是资源分配问题，也就是通过什么样的方式，能把资源分配到社会生产中最需要的部门。计划经济体制和市场经济体制对这两者判断的侧重点不一样。一般市场经济体制假设人是自利的，有自我保护并且追求幸福的动机，从而也是自私的。正因为人是"经济动物"，用物质激励是最有效的。换言之，在市场经济条件下，人们更多强调的是利益关系，尤其是短期利益关系。但作为人来说，区别于动物，除了有物质需求之外，还有精神需求。这种需求使其建立了共同意识，并在共同意识下形成合作，从而成就了人类，形成了人类社会。因此，单靠物质激励不能满足人们的所有需要。计划经济体制看到了这一点，更倚重于精神激励，鼓励人们成为无私无畏、为整个人类长远利益而努力奋斗的"共产主义人"。在资源分配过程中，市场经济体制相信"看不见的手"，自由竞争导致市场价格机制的形成，"看不见的手"会把资源分配到最需要的部门中。计划经济体制相信"看得见的手"，就是有一个计划机关或有一些人总是比较聪明，他们可以有效地把资源分配到社会最需要的部门之中。换言之，人就是上帝，可以驾驭经济规律。这也是一个哲学之争，从某种意义上讲，这两者是半斤八两，谁也不能说谁更好或更差。事实上，自苏联建立了计划经济体制后，理论上一直争论不清，笔墨官司不断。但"实践是检验真理的唯一标准"。自计划经济体制建立已有近百年的历史，在各国实践中，人们日益发现计划经济体制的弊端甚多，运行效率并没有想象的好。通过分析发现，要让计划经济体制有效运转，必须满足两个先决条件：第一个是人可以不食人间烟火，可以为了人类的长远目标而无条件放弃自己短期的利益，永远具有集体主义精神；第二个是人可以比上帝更聪明或者人也可以像上帝一样无所不知、无所不能，才能把资源很公平、很有效率地分配到各个部门。但人不是上帝，不仅要面对未知世界的不确定性，而且要面对已知世界信息的不对称性。在现实体制运行中，实践表明，这两点很难满足，于是这个体制运行出现了一系列问题，集中体现为僵化、人们积极性不高、效率低下，并且常因决策错误使国民经济严重失调。

为什么在这个体制出现几十年后才进行改革呢？你可以看到，在某种条件下，计划经济体制比市场经济体制更有效。道理很简单，只要上述两个条件在某种程度上能得到满足，计划经济体制的效率就高于市场经济体制。拿中国来说，1949 年新中国成立，推翻了"三座大山"，人民的政治热情高涨，要为新中国奋斗，这种热情使人们对于物质的追求比较淡一些，而对政治目标的追求更强烈。再加上当时工业化程度非常低，连火柴、铁钉都要进口，把有限的资源分配到生产钉子和火柴上是没有问题的，这是一般人能看得清楚的，换言之，因为工业结构简单，信息的不确定性与不对称性相对较低，决策判断相对比较容易。在这种情况下，计划经济体制有一个很大的特点，就是它的行政动员能力，可以举全国之力。如果方向不错，大家又有热情的话，就如虎添翼，其经济效率明显高于市场经济体制。这也是为什么中国在 20 世纪 50 年代，特别是第一个五年计划期间，能够迅速建成工业化体系的原因所在。其实我们看到苏联、东欧国家在早期阶段都保持了很高的发展速度，其原因也在这里。在 20 世纪二三十年代全球经济危机背景下，苏联是唯一还能保持经济高增长的国家，当时不少美国人还希望移民苏联。

由上可知，在信息比较简单的情况下，人们的政治热情又比较高，计划经济体制是有效的。但是热情是不能维持、不可持续的。今天我可以不吃一顿饭，明天可以不吃一顿饭，但是不能要我天天不吃饭。与此同时，随着经济活动越来越活跃、经济结构越来越复杂，经济计划者就看不清楚了，人不可能像上帝一样无所不在、无所不知、无所不能。那么在资源分配中肯定会出现失误，于是经济就开始出现问题，造成严重的效率低下。

由此，改革的问题就在社会主义国家提出。回顾历史，中国是改革最早的，1956 年，随着计划经济僵死不灵活的问题开始出现，毛泽东发表了《论十大关系》，其要点是调动积极性。他认为仅中央有积极性是不够的，还要发挥地方的积极性。用当代经济学的语言表达就是激励机制。与此同时，他认为资源分配上也是有问题的，不能仅靠中央，所以他提出用"两条腿走路"，为此要调整十种关系。这就是著名的"两条腿走路"方针。无独有偶，当时苏联、东欧国家也开始酝酿改革。除南斯拉夫、波兰、匈牙利外，最为有名的就是赫鲁晓夫推行的改革，其重心是完善计划方法，通过更加精准的计划，或者说通过减少决策失误来提高计划配置资源的效率。从历史反思来看，当时推行的改革同现在的改革最大的不同就是当时基本认为计划经济体制是好的，只是体制运转上有问题，或方法上不对头，或什么地方有些毛病。因此改革应是在计划经济体制的框架下进行的修复性、改善性工作。需要指出的是，在当时的条件下，中国和苏联的修补方向不同。中国为完善激励机制、调动地方的积极性，开始把权力下放，但权力下放后导致"大跃进"，1958 年后出现经济混乱。这时候政府认为这样不行，为遏制混乱得把权力再收上来。但经济一收就死，没有活力了，那就只好再调动积极性，出现了"一放就乱，一乱就收，一收就死，收了再放"的不良循环。"文化大革命"使国民经济走到崩溃的边缘，于是开始了市场取向性改革。

苏联、东欧国家基本上也经历了同样的过程，都认为计划经济体制是好的。只不过与中国认为需要完善激励机制不同，苏联、东欧国家认为是计划不周，导致资源分配效率不高。完善计划方法成了改革的重点。所以经济学中的投入产出法、计划经济学，最早都是由苏联人创建的，追求用计量方法改善计划，为此他们设立专门的研究机构进行深入研究。苏联解体后我曾经做过俄罗斯改革的顾问，发现苏联及解体后一段时间的俄罗斯，经济计划做得非常细致，甚至细致到每个人的工作定额。但我们知道经济活动是活的，计划是死的，计划一般都是事后的，而经济活动是事前的，他们用事后的东西来计划事前的东西，最后把活的东西控制死了，因此经济停滞、不能运转了。我给各位举个例子，当时苏联的鞋子产量非常大，但是街上买不到一双合适的鞋子。你知道是什么原因吗？我刚开始也觉得纳闷，后来一问才恍然大悟：他们一段时间只生产一个式样、一个号码，当然在街上买不到合适的鞋子穿，尽管鞋子很多，但是没有一双适合你。苏联的计划工作细致到这种程度，工厂按计划生产，说要 42 码的鞋，那所有的工厂都生产 42 码的鞋，但是穿 42 码鞋的人就那么多。这种将计划推到极端的做法不仅使资源浪费更严重，而且无法维持，到了 80 年代已经走投无路，之后出现的所谓崩溃也好、改革也好，都说明过去的体制已经不能运行了。

由上，无论中国经济还是苏联经济的实践都表明，在传统计划经济体制框架下进行改善乃至改革的努力都是徒劳的，不管是尝试各种激励机制还是完善资源分配方法都是无效的。从转轨经济学的角度观察，这意味着改革必须改弦更张，超越原有的体制框架，进行市场取向性改革。

1978 年中国开始的改革开放在人类历史上的意义，就在于它一开始就是市场取向性的改革，在走市场经济的道路，这是革命性的转变。尽管当时中国人并未完全理解市场经济体制，但大家已经明白了一点，过去的计划经济的做法已经到了极限，难以为继。这就是当时邓小平先生所说的话：不改革死路一条。改革也不是在传统体制下的改善，而是要有新的导向。由此，中国从 1978 年开始出现既是经济学也是社会学意义上的革命性的变化。

计划经济最大的特点就是完全由国家控制。由于所有权是政府的，生产的利润也交给政府，工厂要花钱再找政府批准，因此经济活动是高度行政化的。中国行政化程度最高的时期是"文化大革命"时期。当时行政的触角可以延伸到每个村里去。由于行政组织经济，所有的经济资源都国家化了，反映在经济活动上就是财政主导。当时的中国没有金融问题，也没有税收问题，也没有现代经济学意义上所讨论的经济问题。当时中国的税种只有一种——工商统一税，也就是工业和商业统合在一块儿征税，并且税率很低。当时中国只有一家银行——中国人民银行，它是附属于财政部的，是财政部料理国库的出纳机构。过去中国还有一个银行，叫作中国银行，在国内是中国人民银行的国际业务部。所以在改革前，财政部和中国人民银行不仅在一个楼里办公，而且它们的资源是互通的，二者是隶属关系。如果说改革是改弦更张的话，那么是从传统计划经济走向市场经济，在金融方面最重要的表现就是由财政主导型经济过渡到金融主导型经济，中国这二三十年金融改革的历史就是这样一个过程。

从计划经济走向市场经济，既是一个经济体制改革过程，也是一个社会转型的过程。在这一过程中，我们可以看到三个议题——革命、改良和改革相互纠缠，不断重现，并反映在对这一进程的推动形式上。所谓革命就是不承认任何以往的利益结构，推倒重来。在这个意义上，俄罗斯的改革实际上是革命，不承认既往的任何历史，以否定的态度拒绝现实，以激进的改革方式重建未来。所谓改良是承认原有的利益结构，在既有的利益结构框架下进行改善。改良表现为中、苏在 1978 年以前那种不改变体制框架下的改革努力，希望通过改良使体制运行得更好一点。改革是介乎二者之间，它既承认过去的利益结构，又不承认过去的利益结构，既要依赖过去的利益结构来建立新的利益结构，又要以新的利益结构来取代旧的利益结构。这时候它的过程控制是重要的。它不能太快，因为太快会变成革命，也不能太慢，太慢就变成改良了。而控制这一过程的就是政府。政府既要有改革的决心和目标，又要审时度势，因势利导。我们在研究中国经验时，可以与苏联做比较。中国是在控制之中进行渐进式改革，而不像苏联那样的激进式改革。其结果也是显而易见的，在中国渐进式改革中，经济是持续增长的，人民生活是在持续改善的。相反，苏联激进式改革导致国民经济崩溃、人民生活水平下降。这也带来了一个问题：为什么改革的初衷和目标一致，过程却不一致，结果也不尽相同？这既是一个经济学的问题，也是社会科学面对的共同问题，我也希望社会学能提供帮助。我思考的一些问题包括：渐进的动力是什么？为什么它是渐进的？渐进由什么控制？如果是政府控制，作为一个强力机构为什么会进行有可能损害自身行政能力的改革？如果这一改革损害了政府的行政能力，理论上改革就会停止，但中国经验却是政府在持续推动改革，那么政府为什么会中性化？其权力来源是什么？显然，这一定是立基于一个闭合系统内在的控制机制，而不是依赖某种外在的控制。广泛的社会参与使它能延续且不致动力消失，同时又不能因社会参与广泛致速度过快而使社会无法承受。这是中国改革中很奇特的现象。从某种意义上讲，可以把它归结为中国特色。但是从更一般的意义上讲，在占世界人口 1/5 的国家，出现这样一个连续的变化过程而不是间断性的变化过程，不能被视为一个孤立事件，其中必然蕴含着必然性。包括经济学在内的社会科学的共同任务就是从中国特色的渐进式改革中解析出其必然性，给这一过程赋予普遍意义。

接下来我们以金融改革为例来描述一下改革的过程，希望能对社会学的研究有所帮助。中国改革是从农村开始，农村改革是从人们没有饭吃开始。我们经常提到安徽省的经验。一个著名的案例，就是安徽省凤阳县小岗村，他们经过三天三夜的讨论，决定把地给分了，如果生产队的干部受到惩罚，大家就把他们的小孩抚养到18岁。这么分了之后，一年后粮食产量增加了。按现在的说法是"交够国家的，留足集体的，剩下都是自己的"，他的劳动和所得直接挂起钩来。今天我多干点儿活，我知道秋后我可以多拿多少东西，这样的改革是与原有集体经济的"大锅饭"格格不入的。当然，这有很大的政治风险。后来我问安徽省的领导同志：为什么会允许这样的改革存在？经验是什么？回答很有意思，"睁一只眼闭一只眼"，也就是说，视而不见。为什么会视而不见？理由也十分朴素，总不能饿死人。在这里，政府的下级执行人员与上级决策人员有了矛盾。而上级决策人员之所以允许下级执行人员这样干，理由又十分崇高：中国经济要发展。不同的理由，却上下同欲，共同尊重老百姓的首创精神，其中的政治学动力机制值得研究。其中一个重要的背景是，经过"文化大革命"，几乎所有的中国人都认为传统体制没有必要也不可能再维持下去。

由于农村的激励机制改革，粮食多了，农民把粮食卖了，就获得了货币收入。此前，中国农民的货币收入很少。与此同时，在计划经济体制之下，货币的作用也是有限的。在很大程度上，它只是一种核算工具，得和另外的凭证加在一起才起作用。货币不起作用表现在两点上。第一，它的使用功能并不像想象中大，并不是有钱就能解决问题。即使有钱，如没有其他凭证，也不能购买想要的商品。买粮食需要粮票，买工业品需要工业券。第二，由于货币的使用功能不是很大，所以货币供应量非常有限。不仅表现为我们常说的低工资，而且更重要的是，计划经济导致社会货币化程度非常低。物资靠分配，土地也靠划拨而不是通过市场交易，作为交易媒介的货币的用途大大受限。从经济学角度我们看到，家庭联产承包责任制使农民有了货币收入，农民开始有钱，由于农民有钱，传统的物资分配体制相应地就要改变，于是带动城市工业也开始有了变化，货币介入物资的分配，事实上城市经济体制改革也是从分配体制改革开始的。这样就需要处理三种关系：国家和企业、国家和集体、集体和个人。国家和企业、集体的关系就是激励企业和集体的积极性，通过企业留利使企业有利可图。而企业若要赢利，就需要激励个人的积极性，结果就产生了奖金分配制度，除工资之外还有奖金，奖金和你的劳动贡献挂钩，多劳可以多得。如果说工资还是基本生活费的分配，那么奖金则意味着在基本生活费分配之外，可以享受更多、更好的产品和服务。由此奖金不仅有激励性，而且直接影响生活物资的分配方式。这一变化产生后，可以看到金融活动中作为主体的货币在中国的作用和意义已经与过去不同了。这时候你发现，多劳可以多得，多得之后可以多花，可以使自己过得比一般人好，那么人们的意识也开始发生变化，个人的经济意识开始形成，这与过去做国家的人、公家的人不同，挣钱成为生活的目的之一，甚至是重要目的。

这种变化促使民间金融活动出现。中国最早的民间金融活动就发生在农村。人们有钱，就产生了借贷关系。借贷关系出现后，就有了另外一种可能，就是钱有朝着某个方向集中的可能。我们看到中国乡镇企业是农民办的，他们最初的资产是靠农产品的货币收入形成的。一个人没这么多钱办一个工厂，但是一群人一块儿，我要办工厂，你借点钱或出点钱，集资活动就这样从农村开始。农村集资活动开始后也传到城市，整个金融活动就开始了。借着借贷关系，大型企业就有出现的可能性，从而就把借贷的契约关系稳定下来。在这种情况下，政府的职能也发生了变化，过去政社合一的农村的社队就不再是一个政府行政单位，而变成契约的保护者或者契约的承担者。这在江浙地区发生最早。中国乡镇企业的名称是 1984 年中央四号文件定义的。另一个定义是这种企业可能是个体的、联社的、集体的，也可能是别的形式，但是为农民所有。在过去，江浙一带经济条件比较好，有很多人民公社或生产队设立的集体企业，在与其他类型企业竞争的情况下，这种企业能否持续发展也成为关键问题，很多集体企业的商业化导向要求其治理结构变革，从而使其产权结构发生相应的变化，由集体所有改造为股份制或股份合作制。传统行政上下隶属关系发生了变化，变成商业关系，由社队转变而来的乡、村也成为股东之一，由此导致农村、乡镇基层结构的改变，从经济、社会和行政一体的政社合一转变为经济、社会与行政的互相分离，更多的人变成经济人，更少的人变成官员，这使后来中国人的观念发生了重大变化，不再仅仅是"学而优则仕"。

换言之，改革使基层农民向上流动的通道多样化，政府的功能开始回归本源。政府的功能向本源回归，开始遇到现实的困难。传统中国是乡土中国的社会结构。科举出身的县官被朝廷派到那个人生地不熟的遥远地方，只带着书童，再聘个钱粮师爷就去做官了。要治理有效，除理解圣意外，还要和当地乡绅弄到一起，依靠乡绅的宗族人脉、声望地位、财力物力，维持地方平安。所谓"为官一任，造福一方"是也。对上按时缴纳皇粮国税、对下息事宁人即算治理有方。但是，自新中国成立后，乡绅阶层消失了，在农村形成"队为基础，三级所有"的政社合一的人民公社体制。但人民公社体制解体后，同时又没有传统乡绅阶层存在，乡村治理就成为空白，需要重塑。

空白既是缺陷，也是机会。在空白处各种治理形式应运而生，但共同的指向是村民自治，农民通过选举确定人选，通过投票来决定治理事项。治理是有成本的。从经济学角度看，这个成本如果不是政府财政支付，就需要用缴费的形式，由村民自己协商处理。在改革开放初期，由于财政困难，加上政府从经济和社会事务中退出，村民缴费、自行安排本村公共事务成为基本指向，相应地，村民要求有知情权，财务公开就成为基本条件。两相结合，出现了不同于传统乡土中国和计划经济体制下农村中国的新的乡村治理安排。这种安排留出了社会空间，体现为农民并不必然被捆绑在农村，可以自由流动。受工业化规律的支配，乡镇企业进城了，农民也进城了。

过去城市工业都是国有企业一统天下，乡镇企业进城后就形成了两军对垒的态势。过去城市都是吃商品粮的市民，农民进城打破了这一格局，形成农民工这一新社会阶层。我记得在 20 世纪 80 年代中期讨论地方问题时经常听到这方面的意见：乡镇企业不规矩，与我们争市场，争资源，等等，要把他们撵出城。对农民工也是同样，认为是盲流。乡镇企业也抱怨城里限制太多。但不管怎样，中国在 1984 年因乡镇企业和农民进城将市场经济带入城市，形成了极具中国特色的"双轨制"，即在同一个行业、同一地区，市场经济与计划经济并存。

乡镇企业进城冲击着传统以国有企业为基础的产供销、人财物由国家高度控制的计划经济，农民进城冲击着传统的生老病死由企业包下来的企业办社会的大一统体制。为应对冲击，国有企业纷纷要扩大企业自主权，其结果是以国有企业利润为基础的财政收入持续下滑。在这种情况下，不仅财政上中央和地方"分灶吃饭"，而且国家与国有企业的关系也变成"拨改贷"，即由传统的财政对企业的拨款改为由企业还本付息的贷款。

中国在这个时候出现了金融体制改革，金融从财政中分离出来，建立了独立于财政、具有现代雏形的金融体制，即双层银行体系。我们知道，在全球的市场经济国家，银行体系是双层的：其一是中央银行，扮演金融监管者角色，作为宏观调控的承担者，专司货币政策操作；其二是商业银行，专门从事商业性的存贷款业务。中国的这个情形出现于1984年。1984年政府把中国人民银行承担的商业活动分离出来，成立中国工商银行，加上此前就存在或恢复经营的中国银行、中国建设银行、中国农业银行，共有四家银行。这四家银行在成立初期并不像现在的商业银行，不是以利润为目标。它们是专业银行，各有分工。当时中国银行从事外汇业务，中国建设银行从事和大型基本建设项目相关的金融业务，中国农业银行顾名思义就从事和农业相关的业务，中国工商银行则是和一般工商客户来往。专业银行的这种分工不是市场竞争的结果，而是人为的划分，带有浓厚的行政气息，从而也有别于典型的商业银行。尽管如此，1984年的金融体制改革也具有标志性意义，因为它使金融脱离了财政，开始形成与市场经济内在要求一致的银行体系。所谓与市场经济内在要求一致的银行体系，其含义在于这一体系会随着市场经济的发展而发生变化，两者相向而动，互相影响。这意味着，随后金融体制的变化和经济活动主体及其行为的变化息息相关，经济行为主体及其行为的变化影响金融体制的变化。

以乡镇企业的出现为标志，中国经济转轨呈现"双轨"特征：计划经济体制是一轨，市场经济体制是一轨。这两轨的主体是不一样的，主体不一样是由于它的所有制形式不一样，而所有制形式不一样又使其行为模式不一样。乡镇企业更多的是非国有的，更多的是面向市场的，其行为是商业化的。城市的企业更多的是国有的，它要听命于政府，其行为就跟商业行为不尽一致。金融体制改革以后，尽管我们建立了双层银行体系，但双层里面的四大银行还是国有的，其行为也类似于国有企业，不仅听命于政府，而且直接服务于国有企业。国有专业银行覆盖了所有的国有企事业单位，但它覆盖范围以外的部分，就没有金融机构来提供服务了，出现了类似于农村改革初期治理空白的金融空白。这既是缺陷，也是机遇，金融创新也由此空白开始，并且也由农村引发。

在传统乡土中国，农村一直有金融活动。但它是非正规的，不仅零星出现，规模小，而且不规范，更多地以"高利贷"面目出现，从而也是历朝历代打击的对象。然而，它又屡禁不止，不断死灰复燃，因此也成为历代官方最头疼的一件事。然而随着农村经济体制改革、家庭联产承包责任制的实施，农民有钱了，从而有了信贷的资源，更重要的是在工业化规律支配下，出现了乡镇企业，使信贷有了真正的对象，农村的信贷关系发生了改变。乡镇企业的涌现，使大规模持续融资成为经常现象，发展到一定程度就会有金融机构出现。这种金融机构是市场导向的，其行为也是商业化。商业性金融机构的出现适应了农村商品货币关系的发展；反过来，以乡镇企业为代表的农村商品货币关系的深化，促使商业性金融机构分化。

回顾历史可以发现，早期乡镇企业的融资活动被称为集资。细分起来，这种集资实质上有两种形式：一是借贷，还本付息，乡镇企业以负债的形式借入资本；二是入股，自然人或法人以现金或实物折价的方式入股，享受分红，乡镇企业以入股的方式筹措资本。然而在中国改革开放初期，市场经济主体的代表——乡镇企业尚弱小，商业性金融业处于起步阶段，人们对融资活动性质的认识还十分模糊，股和债是不分的，统称为集资。拿深圳来讲，深圳宝安就是典型，它最早也是由农民创办的乡镇企业，1984 年它遇到资金困难，又没有正规金融部门提供服务，寻贷无门。当时胡耀邦正好在深圳视察，得知这一情况后，胡耀邦说当年在抗日战争时期的陕甘宁边区，发展经济也没钱，怎么办呢？就集资吧！于是发行了各种票证。宝安的这些农民受到鼓舞，也发行票证，农民向社会集资。现在看来当时的票证非常原始，既不是股，也不是债，因为股可分红，但要承担风险，债是还本付息、不承担风险。当时发行的票证既还本，又付息，也分红，所有的好处都有。这种状况恰恰蕴含着今后金融发展的机遇，预示着金融分化的可能。事实上也是如此，深圳可以说是改革开放后中国金融发展的鼻祖，沿着股的方向，深圳最早创立了证券交易所；沿着债的方向，深圳最早将农村信用合作社重组为深圳发展银行。

从传统的信贷活动发展起来的商业银行，加上由现代募集股本金的活动发展起来的证券交易所，二者结合在一块，对改良后的计划经济体制造成了新的冲击。这种冲击的深刻性在于：尽管金融已从财政中脱离出来建立了双层银行体系，但仍受制于行政权力，专业银行不仅是国有的，而且划定了经营范围，无论在经营机制上还是在运营范围上都无法实现商业化。于是金融体制也出现了"双轨化"：一方面是新兴的商业性金融机构，另一方面是新设立的但依然带有传统计划经济体制烙印的国有金融机构。

"双轨制"反映在价格上，一个是计划价格，另一个是市场价格。但"双轨"并存、"双轨"交错，会产生价格上的混乱，进而导致经济秩序的混乱。从某种意义上讲，"双轨"价格之间的价差就是权力的价格，当有人有能力将计划内的商品倒到市场上，就赚取了差价。这是腐败产生的原因。在金融方面也是如此，民间金融机构去找国有金融机构，要国有金融机构把钱贷给他们，然后他们再转贷出去。这二者之间的利差非常大。这和20世纪80年代中期的钢材计划价和市场价一样，谁能从国家搞出钢材，转手一卖就很贵。在"双轨"并存的情况下，腐败现象产生了，因为很容易就可以赚很大的价差。意志稍不坚定者一定会受到很大诱惑。"双轨"价差存在，有人利用权力倒来倒去，民众对这样的"官倒"非常愤怒。

这个历史现象，尽管有消极方面，但也有积极方面。从学理上看，它表明"双轨"仅是一种过渡性的安排。既然是过渡，就要因势利导，小步快走。其中，把握过渡的节奏和步伐十分重要，事实也是如此。在20世纪80年代，"双轨"还是在商品市场上，到了1992年，以农产品购销同价为标志，商品市场的"双轨"并轨了，都成了市场价。此时的

"双轨"凸显在要素市场上，尤其在金融市场上。需要指出的是，"双轨"并存也意味着市场轨起着边际引导作用。在80年代，很多国有企业、国有金融机构对乡镇企业不屑一顾，认为他们是土包子。这个情况到1992年以后发生了彻底的改变，乡镇企业有竞争力、可以赢利成为不争的事实。政府也鼓励国有经济向乡镇企业学习怎么经营，怎样提高竞争力。在这样的气氛下，1993年中国金融体制二次改革发生了。

对1993年金融体制改革我们可以这么看：第一，由于我们知道"双轨"并存的金融秩序是混乱的，要规范金融秩序一定要在国家的强力之下，要有金融监管，并且中国人民银行应中央银行化，成为最终秩序的缔造者或维护者；第二，国家办的金融机构也应该是商业机构，它也应该商业化运行；第三，在这样的情况下，要重新理顺政府和金融之间的关系。可以用以下几句话总结1993年的金融改革：中国人民银行中央银行化，商业银行商业化，同时通过建立第三方监管体系规范市场经济活动。为了达到这一目的，金融的组织体系和机构改革是必要的。第一是中国人民银行组织体系的改革。过去中国人民银行是按行政区域划分，不仅每个省份都有人民银行，而且每个县都有人民银行，由此出现了几方面的问题：一是地方政府对人民银行的干预非常严重，这不能保证人民银行独立行使货币政策，不能保证由中央来集中调整金融政策。二是当时尽管商业银行的业务从中国人民银行分离出来，但还有很多东西没有分割，中国人民银行仍有利润目标，因此需要把中国人民银行的利润目标彻底取消，把中国人民银行变成一个完全的中央银行而不再是营利机构。三是要加强监管。金融监管的职责开始从中国人民银行分离出来，成立了独立的第三方监管机构。证监会是对包括证券公司在内的资本市场进行监管；保监会是对包括保险公司在内的保险市场进行监管。对银行的监管权限仍留在中国人民银行。第二，调整国家与金融机构的关系。一是商业银行不再参与国家政策的执行，国家政策由另外组建的政策性银行执行。为此，相继成立了国家开发银行、中国进出口银行和中国农业发展银行。二是商业银行是国有独资企业，国有独资企业的任务是对国有资产的保值增值负责。三是国家不再垄断金融行业，放宽了金融准入限制，于是出现了一系列银行。现在中国的银行除了四大国有专业银行外，还有十家股份制银行，这为其他民间金融机构的发展提供了空间，尤其明显地体现在保险行业上。90 年代中后期，股份制保险公司不断涌现。与此同时，证券业这一新兴行业也出现了变化。在 1990 年、1991 年，上海和深圳先后出现了合法的证券交易场所——上海证券交易所和深圳证券交易所，出现了合法的证券公司从事交易活动。

1993 年金融体制改革后，放宽市场准入，不仅国际上大型金融机构开始进入中国，而且很多地下金融活动也合法化了，出现了一批民营的金融机构。在这一过程中，国家和金融活动的关系得到重新界定；国家不再直接干预金融活动，而更多地成为市场监管者。在这种情况下，国有专业银行地位甚至生存都受到威胁，特别是这些银行原先的客户都是国有企业，而国有企业经营业绩不佳，导致银行经营也受影响。所以在90 年代后期你会发现有竞争力的金融机构不是四大国有专业银行，而是其他所有制形式的银行。这引致国有专业银行的变化。一方面，四大国有专业银行原先觉得自己有独特的优势，但这个优势是政策带来的，是国家优势。现在他们的客户竞争非常惨烈，迫使国有专业银行从商业化的角度重新定位，自主经营、自负盈亏成为内在的要求。另一方面，非国有的银行尤其外资银行的经营方式也为其提供了学习的榜样，使其增强了自主经营的信心。这时候金融体制改革就进入了新阶段，重新界定国家与国有金融机构的关系就成为核心问题。

综上所述，我们可以说中国已经经历了两个阶段的金融改革，第一个阶段从 1984 年开始，第二个阶段从 1993 年开始，目前开始进入一个新阶段，实现国有商业银行商业化。其中，按现代公司治理机制进行公司化改造十分重要，而股份制看来是回避不了的。与此同时，这一任务又刻不容缓，因为中国加入了 WTO，承诺金融进一步对外开放。保险公司外资持股比例 15 年内由 25% ～ 33% 的上限提升到 49%，还可以讨论到50% 以上。银行方面则是外资可以到中国来办银行，也可以到中国来入股别的银行。证券公司的业务，如投资银行业务，外资可持股 33% ～ 49%，资产管理业务可持股 33% ～ 49%。

事实上，我们已经看到中国金融机构商业化的努力。目前，中国民生银行上市、招商银行上市，浦发银行、深圳发展银行都已上市，而且现在大的国有商业银行也在准备上市。证券公司也开始寻求上市，马上可以看到中信证券即将上市，保险公司也开始寻求上市。这时候中国的金融行业不仅不再是国家的，而且不一定都是中国人参与，外资也来参与了。届时，中国的金融机构不仅市场化了，而且国际化了。金融是市场经济的核心，一旦金融的微观基础——金融机构市场化了，那么中国市场经济的基础就得到了巩固。中国还是以此来履行对 WTO 的承诺，以此来融入世界主流。

最后，做个简单的小结。中国金融体制改革是中国改革开放大潮中的一朵浪花，但它浓缩了大海的风貌，体现了中国改革开放的渐进特点。这一渐进特点尽管具有中国特色，但在人口占世界 1/5 的国家发生的事实都是具有世界意义的，具有某种普遍性。从中国特殊性入手，寻找其普遍性是社会科学的重要任务，这是多学科协调才能完成的任务，现在仅仅是开始。我希望对中国金融体制变迁的描述可以给诸位社会学同人一点启发，也希望得到社会的帮助。总的感觉是，从演化的角度，而不是从既定的理论框架推导，看来是理解中国问题并寻找其普遍性的基本路径。谢谢大家！

评论人评论（陈介玄）：

听了曹教授这一席话，我们的第一点很重要的心得，就是站在历史长期、宏观的角度来参与社会的变迁，这是很过瘾的事。在短短的数十分钟里，曹教授对 1984 年金融体制改革之前到现在 2002 年中国的金融体制做了详细的介绍。即便我们对大陆的金融不熟，听了这一席话心里也有一个很清晰的图像。

第二点，曹教授的报告也谈出了我们这个会议的主题，就是所谓的研究和制度变迁之间的关系。不论引用中国的例子还是苏联的例子，很多很扎实的学术上乃至知识上的研究其实都应该对应历史宏观的变化。从我们今天这个角度来看，如果这一条线能厘清的话，整个社会未来要往什么方向发展，我相信会有一个比较清晰的图像。社会学自 19 世纪以来面对的大问题就是，计划经济体制作为一种体制和市场经济体制作为一种体制，到底这两种体制应该怎么来看？曹教授刚才的报告认为这两种体制各有优劣，它们要处理的问题和基本预设不太一样。不过如果从今天的角度来看的话，计划经济体制的内在问题没有办法解决，就得转换另一种体制，这是我认为很有意思的第二点。

第三点是我从这席谈话里得到一点很重要的 sense，就是我记得在古典社会学里有一个人叫齐美尔，他写了一本书——《货币哲学》，他尝试从货币入手——我们社会学通常认为这是一个专业性很强的实务领域，也是经济学、金融学领域的接口——告诉我们一个社会如何透过货币流通把社会关系重新建构起来。这种社会关系和传统血缘纽带、家族纽带的农村社会形式不太一样。

刚刚曹教授的报告里有一点很有意思，就是从财政化到金融化，其实依我来看，财政化里把所有的财政工具当成国家的工具，这与把货币、利率等工具当作社会形构新结构的工具，是完全不同的，我们可以此认识社会发展的模式。从财政化到金融化，我认为看到了大陆从内在起慢慢地在改变。这一点或许提醒了我们，今天我们从金融社会学这个角度或金融、技术与社会这个角度来看社会，是有必要的。事实上，金融是把整个社会串联起来的重要机制，刚刚曹教授从 1984 年没有金融的财政化到 1984 年以后的金融化的演讲，非常精彩地点出了这一点。

我有两个问题请教曹教授。我从 1992 年开始在广东做调查的时候，发觉台湾和大陆厂商有一个很根本的不同。依据历史的脉络，1992 年的时候，很多厂商，或是民间的投资者，或是一般人，没有基本概念，比如什么是抵押。抵押这个概念在台湾是非常普遍的，因为所有中小企业之所以能发展，是因为国民党到台湾后实行了土地改革，耕者有其田，每个人都有一块农地，当我没有钱创业时，我便把家里的农地拿到"农会信用部"去抵押贷款，就有了创业的资本。这个概念是很普遍的，可是在大陆却没有。我用这个例子要说明的是，一个社会的体制，不管是计划经济体制还是市场经济体制，它会牵涉到给人民提供基本生活用品的工具。不同体制提供的工具是不太一样的，比如这边用粮票，在台湾我们一定要到米店或超市里面买米，这个工具不同。再者就是组织运作也不同，比如我知道物资局在大陆是很重要的机构，在台湾就不是，因为台湾的私有化开始得很早，供需的米仓或是配销系统、果菜系统自有它的组织结构。还有就是规范组织运作的制度不同。所以一个体制的转轨，从工具到组织再到制度，是整体配套的。我要请教的是，我们看到大陆的发展是跳跃式的，像我们在台湾还在用窗型冷气机时，大陆可能都用分离式冷气机了。也就是说，在产品上大陆是属于跳跃式的。台湾还用 LD 时，这边已经从录像带直接跳到 DVD 了。在日常生活中物质性的东西，其跳跃性发展在大陆可以看得很清楚。那我要问的第一个问题是：金融是高度无形和隐形的资产，这个工具、制度和组织，它能不能跳跃式地发展？而这种跳跃式的发展会带来什么样的问题？比如在心态上、文化上没有办法转过来。当心态还停留在原有体制里时，会不会最后在体制改革时有落差？这个问题可能怎样产生或者这是不是一个问题？

第二个问题则是曹教授提到面对未来的第一个问题，就是要不要分业问题，我们在看美国和欧洲的发展时，美国后来通过《金融服务现代化法案》，它把原来商业银行和投资银行的分业发展整合起来。为什么它要整合？主要在于20世纪70年代后，金融消费者改变了，随着人口的老化，慢慢需要很多对于未来的规划，所以在规划工具上，很多变成要通过市场而不是商业银行系统，比如说票券及公司债券、政府债券大量发行，金融消费者慢慢走向市场，在市场上直接消费。这时商业银行就没有办法去面对这样的发展，除非它进行改变，也来面对直接金融的问题。因此我想请教，大陆金融消费人口的属性，从1993年到2000年不到10年的时间，它是怎么变化的？是不是慢慢发现大量的金融消费人口涌现，因此马上就会遇到分流或合流的问题？如果本身内部的需求出现时，没有办法掌握市场的人，可能被定位在商业银行里也很难生存。

另外就是关于支持系统，相较于西方投资银行的发展，中国银行扮演了帮国内企业承销到海外做海外上市业务的角色。这个市场和技术西方一直以来都很成熟，包括台湾地区也跟不上，台湾因为开放稍微早一点，民营银行开放很快，但一直到2001年我们面对的一个挑战就是大量的国外投资银行介入了原本商业银行和一般私人银行所要做的工作，因此一直挤压台湾银行的空间。例如高盛集团，几乎台湾所有上市公司要到国外发行 ADR、GDR 都是通过国外的投资银行。为什么国外的投资银行有这个能力呢？最关键的就是它的商业金融和相关工具的知识非常先进，也发展得很快。因此这与大学和学术界又有关了，也就是社会中、大学里有关金融方面知识的养成，以及国家体系的支持系统，有没有一个布局使国内将来在加入 WTO 之后发展有竞争力，这一点我不是很清楚，所以提出来请教曹教授。我在台湾也看不到这个部分，台湾当局一直说要成为"亚太营运中心"，也就是"区域金融中心"，可是我总感觉他的心态还是放在制造上，我们有工研院，但是并没有金融学院。相较于中国香港、新加坡，我们已经竞争不过，更不用说全球银行的竞争。我不知道大陆在这方面是怎么发展的？

曹远征：我先回答第一个问题。中国的变化非常剧烈，但是你要看中国的人口分布，它是高一层的接受新的概念，然后再慢慢传导下来，所以它虽然存在断裂，但同时它又是连续的，因为人口规模非常庞大，因而形成了很大的空间，就是这一层人学会了，然后再传到下一层去，但是总有些人会"更上一层楼"。20 年前一些中国人不完全知道货币为何物，现在则是用货币来重新组合社会系统。中国改革是革命性的。这一革命性很大程度上体现在人的观念转变上，像我们这么大的人在 20 年前没有市场生活的经验，因而也没有这方面的概念，那时包括房子在内都是国家分配的，因此弄不清为什么要去买房子，而且还要借钱去买。这是重要的观念转变。同时这里也隐含了社会关系的再造问题，它对社会的影响也很大。过去单位提供房子，所以单位里的人都住在一块儿了，也因为单位提供房子，你会选择有房子的单位去工作，同时不敢轻易离开单位，形成了生老病死都在单位的单位所有制。显然这使人际关系更为复杂，甚至紧张。现在可以买房子，你就有很多的选择空间，不仅人可以自由流动，小区关系也发生了变化。这是个学习的过程，也是社会变化的必经之路。就拿买房子来说，在广州、深圳，受香港的影响，他们最先理解这个概念，一批比较年轻的、喜欢接受新鲜事物、收入也比较高的人，他们能承受，就从他们开始。所以深圳的住房改革是最早的，从 20 世纪 90 年代初就开始了，住房商品化概念接受得早，住房买卖活跃，商业银行住房按揭贷款也就发展起来了。从那里慢慢传导，大约 10 年的时间传到北京。北京现在也都能接受这个概念。而这种接受已经不只是先锋的青年们接受，老年人也接受，尽管他们对这事还是有所抱怨。由于中国的空间非常大，人口非常多，尽管层与层之间存在断裂，但通过潜移默化的学习，还是可以传递的。因此从一个角度看它是断裂的，但从另一角度来讲它又是连续的。

关于第二个问题——金融分业混业的问题。大陆和台湾不一样。大陆人口众多，市场容量大，可以容得下任何一个产业。事实上，我们有联合国产业分类中的全部工业门类。这就形成了不同于台湾的金融局面。以投资银行业务为例，金融开放虽然使有竞争力的国际大机构拿走了包括中国电信、中国石油等的大单，但毕竟还有众多的企业，尤其是中小企业需要融资。这便形成了 A 股市场，构成了中资背景投资银行的生存空间。其实，细分起来，由于大陆有上百万家企业，仅 A 股主板市场是不够的，仅场内交易是不够的，在大陆，很多城市都有为本区域企业服务的产权交易所，甚至还有柜台交易。换言之，由于大国效应的存在，金融服务会是多样化、多主体的，金融市场也是多层次的。同理，尽管大陆人口中中上层占的比重比较小，但是在庞大的人口中，这一群人已足够某种金融机构去服务。这些人因为收入较高，从而风险偏好也较高，对他们的资产可以做一些高风险配置。这奠定了大陆资本市场的基础，可以看到大陆资本市场以散户居多，炒作倾向比较强。与此同时，毕竟中低收入人群占大多数，他们的风险偏好低，无风险的储蓄存款适合他们。这构成了商业银行广泛存在的基础。未来看，一方面，随着经济的发展，居民收入会持续增加，风险偏好会发生变化；另一方面，随着人口的老龄化，风险偏好也会发生变化。为适应这种变化，金融的活动形式也会变化。一个看得到的趋势就是混业经营，首先表现为一站式销售（one stop sale），各种金融产品会在一起展示销售，形成"金融超市"，而超市的背后则是各类金融机构的交叉销售。在此基础上，不排除出现金融控股公司的可能性，形成真正的混业。

总之，考虑到中国问题要从人口众多、幅员辽阔、产业齐全这样一个大国的现实出发，同时又要注意到改革开放二十余年的急剧变化，两者构成了一个新的时间、空间结构，反映在社会学上，就是中国人口非常多，并且在非常短的时间内发生了重大变化，很多代人同时存在，但观念、行为都不同。你可以看到还停留在计划经济时期的人们，也可以接触到非常现代的观念。在有的地方可以看到非常先进的金融理念和金融工具的使用，但也有非常落后的地方，连货币为何物都要探讨一下。但是因为空间大、人口多，很多东西就可以把时间转化为空间，将空间转化为时间。这构成考虑中国问题的新角度。

社会保障基金与金融市场[*]

李绍光[**]

感谢刘教授、陈教授给我提供一个很宝贵的机会。十多年以前，我读硕士的时候是学社会学的，这次有这么一个机会，可以说是回娘家来看看，并见见老朋友，特别是徐教授，十几年以前在新加坡也曾经共事过。我从 1995 年、1996 年转行攻读经济学以后，开始进入社会保障的领域，在我的导师吴敬琏教授的指导下做研究。我今天要讲的是刘老师出给我的题目——"社会保障与资本市场"，我自己原来准备的题目要小一点。不过没关系，我今天要大致介绍一下这十几年中社会保障体制、制度改革的过程，所以就不按照原来准备的稿子来讲。好在今天上午曹远征先生讲了中国经济改革过程，还有刚才陈文权先生讲中国证券市场的发展历程，这为我这个话题提供了一个平台，所以我就在他们所讲的内容基础上来展开我的话题。

在中国，社会保障的改革实际上是作为整个经济体制改革的一部分展开的。上午曹远征先生讲过，中国是从 1978 年，也就是 1970 年代末开始进行经济体制改革的。一开始，城市里的改革还是按照"文化大革命"以前毛泽东在《论十大关系》里面的思路来进行，就是中央政府向地方

* 本文根据李绍光教授在 2002 年召开的第一届"金融、技术与社会"研讨会上的发言录音整理。录音整理人：戴盛柏，录音整理稿校稿人：王凯翰。刘世定对录音整理稿做了最后修订和技术处理。本稿未经李绍光教授审阅。

** 李绍光，时为中国人民大学劳动人事学院副教授。

政府下放一些权力，然后向企业下放一些权力。所以，1978年以后的企业改革、城市的经济体制改革，首先是从四川的一个国有企业开始，政府主管部门向企业下放权力，叫作扩大企业自主权、放权让利。这种情况持续到1980年代初期，出现了一种情况，我们叫"一放就乱，一乱就收，一收就死"。

到了1980年代初期，农村的改革实行包产到户，这是上午曹远征先生讲了的。到了1983年，包产到户在农村取得了成功，原来农民没有粮食吃，现在他可以"交够国家的，留足集体的，剩下都是自己的"，他自己可以留着吃。可是这时城市的改革没有取得突破，遇到了障碍，于是自然地有了一种想法，就是把农村的家庭联产承包责任制推广到城市的企业改革。结果就出现了国有企业的承包制。这是在1980年代中期以后的情况。同时，国企之外，所谓体制外改革也在进行，这就是城市里面可以允许私有经济产生和存在。这个时候的私有经济是从计划体制过来的，在计划体制里面，它是没有资源的，它不能雇用劳动力，它得不到什么原材料、资金，没有来源渠道。那么怎么办呢？所以就搞了体制上的双轨制，体制外的改革放开先行。先有体制上的双轨制，然后有价格上的双轨制。结果这个双轨制导致政府官员的徇私和腐败，这个问题越来越严重。而且，国有企业承包制改到后面，到了1980年代的晚期，又导致"一放就乱，一收就死"的恶性循环。总需求控制不住，1987～1989年，通货膨胀率非常高，百分之十几到百分之二十几，而且腐败问题越来越严重。

当时经济上有点失控，所以国务院决定，要治理整顿。之后，按原来的思路，企业改革走不下去，基本上就停在那儿。这时候在经济学界，关于怎么改革有两个思路，可以说两派吧。一派叫作整体协调改革派，这派认为光搞某一方面的改革是不行的，经济改革应该是一种配套的改革。当时他们设计的一个方案就是价财税配套改革，即价格、财政、税收体制配套改革。这一派的代表人物就是我的导师吴敬琏先生。还有一派叫作企业改革主线派，就是以企业改革作为主线，这一派的代表是厉以宁先生。厉先生讲中国的经济是一种非均衡经济。在经济学里面，价格是资源分配的一个信号。在主流经济学里面讲一般均衡，就是在经济处于均衡状态的时候，价格提供的信号是正确的信号。厉先生认为，中国那时的经济，是非均衡的经济，价格应该是不起作用的。所以他不主张价格改革。他说应该先搞企业所有制改革。当时有这么两派。

1988 年，价格改革的方案做出来，中央领导看了，准备实施了，但是后来突然停了。1989 年以后，改革基本上就暂停在那儿了。大概到了1991 年的时候，整体协调改革派又重新做方案，作为理论上的研究，认为企业改革应该朝现代企业制度、现代公司制度这个方向来做。这时候，他们在研究过程中，就遇到了企业的社会保障问题。在此之前，在计划经济体制里面，国有企业的社会保障一直是一种现收现付制，企业全包下来，而且没有积累。在计划经济体制下，企业都是所谓的"大而全、小而全"，职工的生老病死全部由企业来负责。如果要建立现代公司制度，那么，企业背着职工终身保障的负担，肯定是受不了的。

所以，在当时这个课题组里，有一个子课题组负责研究社会保障这个部分。他们考察了国际上比较成功的两种模式：一种是新加坡的，另一种是智利的。智利从 1980 年代初期开始，提出七个现代化里面的一个现代化，就是社会保障体制的现代化，就是说社会保障，这个养老金，可以交给私人公司去管理、去经营。当时课题组借鉴新加坡和智利两方面的经验提出了一个思路，就是国有企业的社会保障职能应该从企业管理体制里面分出来、独立出来，放到社会上去，然后实行积累制。因为现收现付的话，从理论上来讲，应该是依靠政府财政收入来融资。但是政府也承受不了这么大的负担，所以可以搞这个积累制，它的任务是改革中国的社会保障体制。当时他们提出这么一个方案。

但是这个方案碰到一个问题，就是在改革之前的那一部分职工，如果要让他们加入完全积累制中，那么他们以前没有这个积累，怎么办呢？当时课题组想的一个办法是，把一部分国有资产变现，充实到社会保障基金里面，用这种方式来解决改革前那部分职工没有积累的问题，或者采用治理转轨的办法。这就是把老职工过去的贡献，用一种叫作 recognition bond，就是认可债券的方式处理。这等于是政府认这个账，在你需要现金的时候，你拿着这个 recognition bond 过来，可以给你换成现金。课题组建议用这种办法。这是 1990 年代课题组的一个成果。

当时从整个大环境看，改革基本上是停滞的。一直到1992年，就是邓小平发表"南方谈话"以后，改革又重新活跃起来。但是这时候的改革需要做一些反思了！1980年代的改革为什么出现这么多问题？需要新的改革决策，怎么改？在这个时候，他们制订的改革方案管用了，被采纳了。到1993年，中共十四届三中全会通过《中共中央关于建立社会主义市场经济体制若干问题的决定》（以下简称《决定》）。这个《决定》可以说直接受益于或者说是被邓小平的"南方谈话"推动出来的。在这个《决定》里面，至少关于社会保障的这一部分就吸收了课题组的成果。其中一条的内容是，中国的社会保障体系，要搞多层次的社会保障，包括养老保险、医疗保险、社会福利、社会救济等。而社会保障体制的改革，决定先从养老保险体制改革开始。

在养老保险体制中搞的积累制，是社会统筹和个人账户相结合的部分积累制。当时有一个论证：如果养老金全部搞社会统筹的话，政府的财政会有很大的负担；如果全部搞成个人账户、搞成完全积累制的话，企业承受不了那么大的负担。所以要搞部分积累制，就是社会统筹和个人账户相结合，而且要让基金的管理和运营分开，要实现社会化、独立化经营。中共十四届三中全会就确立了这么一个社会保障改革的原则。这主要是针对国有企业。开完这个会议后，这个精神出来了，原则出来了，接下来就是国务院的有关部委开始按照这个精神来做改革方案。当时做这个改革方案的，主要是两个部门，一个是国家体改委，另外一个是劳动部，现在叫劳动和社会保障部，由这两个部门做方案。他们按照部分积累制，就是社会统筹和个人账户相结合这个原则，来做方案。

结果两个部门做的方案有一些出入。两个方案共同的地方，都是企业缴一部分费，个人缴一部分费。参加养老保险制度的职工，每个人建立一个个人账户。个人账户包括两部分：一部分是职工个人缴费，另一部分是企业给他个人缴费。企业缴费也分成两块：一块放到个人账户里面，另外一块放在社会统筹里面。两个部门方案的不同之处，就是按国家体改委的方案，企业缴费那一部分，放到社会统筹里面的部分小，大部分放到个人账户里；而按劳动部做的方案，社会统筹的那一部分大，一小部分放到个人账户里面。后来这两个方案简称方案一、方案二。方案一指的是国家体改委的方案，就是大个人账户、小社会统筹；方案二是劳动部的方案，叫小个人账户、大社会统筹。在中央政府层次上，到底采用哪个方案，没做出最后决定。那么采取什么办法呢？就是把这两个方案同时发到省区市里面，让各个省区市自己去选择。结果多数的省份，都选择方案二，就是小个人账户、大社会统筹，这是 1995 年、1996年的情况。

这两个方案都有一个问题，就是个人账户的缴费只是在职的职工才有，而这个制度的受益人，把那些在这个制度之前已经退休的老职工也覆盖进去了。这会造成一种什么情况？就是受益的人数比缴费的人数多，多出来那一块，就是已经退休的那一块。这一部分人没有积累，他们以前没有缴费，但是他们现在就要领养老金。那么他们的养老金有什么来源呢？从哪拿来这笔钱支付他们的养老金？方案一、方案二都没有解决这个问题，没有触及这个问题。在实际执行过程中，没有别的办法，就只好把现在缴费的一部分，就是没有退休这一部分人的缴费，还有企业给他们的缴费，本来应该记到他们个人账户上的钱，支付给已经退休的人。他们的个人账户中交多少钱也记录在案，但是实际上没有这笔钱。这就形成了个人账户的空账。从 1995 年开始做这个改革，到了 1996 年就有空账的问题。

记得 1996 年我参加一个国家体改委的课题组，到上海了解企业养老制度，当时上海市社会保险管理局的局长给我们介绍情况，就是把这个空账作为经验来介绍。我当时就问：你担不担心将来某一天没有钱支付了？他说没有问题，至少两年之内没有问题！但是事实上这个空账的问题，比他想象的可能要严重。到了 1997 年、1998 年，空账问题越来越严重，仅仅国家基本养老制度这一块每年可能就有几百个亿的缺口。到现在，2000 年后，每一年可能都需要补助，中央财政拿出大概 300 亿元的资金来补这个缺口。另外，按照这个方案二执行之后，社会统筹本来的目标是要在省级的层次上实行统筹，但是事实上，绝大部分的省份到现在也没有达到省级统筹的目标。

那个时候，基本上是在县这一级进行统筹，少部分是在市一级统筹，就是在县之上的二级市、一级市那个层次。1997 年有过一次尝试，说要搞统一，统一缴费率，统一发放，统一管理，做这么一种努力。但是最后没有成功。

这种情况一直延续到大概 2000 年，空账的问题越来越严重，缺口越来越大，收支的缺口越来越大。国务院一看这样不行，就继续改。那么怎么改呢？这时又有不同的意见。当时财政部主张不要搞什么个人账户，就是缴税，不要缴费了，就是废社会保障费，改为税。这是因为那些年收社会保障费很困难，都不愿交，逃费的现象非常严重，好多地方也都是让税务部门来代收社会保障费，所以干脆就把它改成社会保障税。这样可以用税法来约束企业、约束个人去缴纳社会保障税，这样会好一点，可以防范逃税的现象。

但是也有一些声音是反对费改税的，认为社会保障费还是要按照缴费的方式缴纳。主要是一些学者，也包括我自己，觉得还是应该用缴费的方式，就是用基金的方式，来组织养老保障。因为我们在理论上已经有这个认识了！就是说，第一，既然要搞部分积累制，搞社会统筹和个人账户相结合，那么这个个人账户制就是基金制。既然是基金制，你又要缴税，税收的融资是现收现付，那么这会对基金制产生挤压作用，即挤出效应。第二，如果要缴税，那等于政府重新背起了社会保障的责任。比如说我作为一个企业，我缴了社会保障税，那么我就有理由来找政府，要求你发养老金，或者获得养老或其他社会保障福利。这个压力对政府来讲，会越来越大。所以，社会保障金如果依靠征税的话，税率会越来越高，最终有一天，政府会承担不了。也就是说，如果改成缴税的话，那么我们做了差不多十年的社会保障，就可能被损毁。所以，我们不主张在现在这个情况下征收社会保障税。

至于有人不愿意缴费的问题，那就应该允许他不缴。这就是说，社会保障基金的养老金缴费，和政府财政的预算外收费是两码事，不要把它们混在一块儿。预算外收费，哪个企业都不愿意缴，都想逃避。但是社会保障的个人账户，只要给人家保证，应该不会产生那么严重的逃避缴费问题。那么所谓逃避缴费问题，问题出在哪儿呢？我们开会的时候就讨论过这个问题，研究过这个问题。当时我们在理论上分析，经济学理论讲社会保障，有两大基本功能：一个是收入再分配，另一个是储蓄。

现在搞的养老保险制度，搞了部分积累制，把已经退休的人和没有退休的人都放到一个制度里面，这就等于把收入再分配和储蓄这两个功能放在一起了！让这样一个制度实现两个功能，它必然摇摇摆摆。而且缴费的人当然会想，缴费之后，我的钱你支付给老职工了！我的账户上看着有这么多钱，但实际上是空的！所以他才要逃避缴费。这是原因所在。

虽然我们不同意征税，但要求开征社会保障税的呼声也很强烈。到2000年做新的方案时，政府还是比较慎重，没有轻易搞费改税。2000年，国务院对养老保险制度的新的改革做了两个重大的决策：一个是组建全国社会保障基金理事会；另一个是把个人账户做实。怎么做实？先在辽宁省做个试点。2000年做的决策，一直到现在。

全国社会保障基金理事会在2000年成立以后开始运作。当时成立这个理事会的目的，一个和国有股减持有关。国有股减持有可能获得两部分收入：一部分是现金，另一部分是股权资产。国有股减持获得的这两部分收入交给全国社会保障基金理事会，然后充实到社会保障基金里，实际上还是用作再分配。另一个可能和中央特别拨款有关。中央特别拨款也放到社会保障基金里。

全国社会保障基金理事会在2001年拿到国有股减持的股票，如果只按面值来算，现在会亏两个亿吧。所以这就感受到进入资本市场的压力了。本来我们建社会保障基金，就是要通过这种基金制，把社会保障的问题拿到金融领域来解决。从国外来看，不论是新加坡还是智利，都是把养老基金投入资本市场。美国就更不用说了。当然，养老基金在资本市场里的投资有许多限制，比如说智利，一开始先投资国内的资本市场；欧洲的养老基金投资也有很多限制，比如说购一种股票不能超过一定的比例，有很多的规定，目的是防止投资风险。

美国安然公司迅速倒闭事件，暴露出财务造假问题的严重性。公司倒闭之后，美国一些公司的养老基金都缩水了。资本市场中的这类风险对中国的社会保障基金运行来说，也很有压力。美国那种缩水有它的特殊性。在美国，一些公司对养老基金对本公司股票的投资比例，是不做限制的。这样一来，公司本身的股票贬值之后，购买公司股票的养老基金就贬值了。在欧洲，很多国家对于养老基金持有一个公司股票的比例有规定，像荷兰规定不能超过 5%。不同国家各有特殊性。媒体披露，全国社会保障基金理事会现在主要有 13 只股票在它的资产组合里面，现在正在寻找基金管理公司，有十几个基金管理公司准备申请做它的托管人。据我所知，我们的证券市场本来是不允许开立多个户头的，如果全国社会保障基金理事会可以选择不止一个基金管理公司做它的托管人，那就是可以开设多个账户，这意味着把这个规定突破了。这样做的目的，是分担风险。

辽宁的试点，从 2001 年开始还没多长时间，我掌握的情况不是太多。那里把个人账户做实以后，个人账户做得很小，只是个人缴费那一部分放到个人账户里面了，而原来企业缴费中放到个人账户里面的那一部分被拿走了，拿到社会统筹里了。我觉得这是一个问题。

这就是 2000 年以后，养老基金还有社会保障改革的情况。到现在为止，中国社会保障体制改革，主要是养老保险体制改革，它的覆盖面主要是国有企业。这个养老保险制度，实际上是一个养老型计划。用这个计划主要解决城镇里面国有企业的问题，后来把它推广到集体企业。这个基本养老保险制度，在中国的养老保险体系里是最基本的。在它上面还有一层叫企业补充养老保险制度，在 2001 年新的改革方案里面，把它改为企业年金制度。第三层叫作个人资源储蓄养老年金制度，这一块实际上没有什么组织，基本上只是一个名称。到 2001 年底，企业补充养老保险制度，比例非常小，只有 193 万人参加。它结余的资金只有 49 亿元，很少。

事实证明，这个基本养老保险制度并不能满足全部养老职工的需求。所以，我们现在还在对社会保障的下一步改革进行研究，我们觉得应该继续推进社会保障制度改革，加快社会保障基金进入资本市场的速度。当然这是有前提的，需要具备一些外部条件，包括法律制度的完备，最主要的还是我们资本市场的完善。我们的资本市场带有一些中国特色，我们的证券市场还是一个高风险的市场。

我不知道辽宁那个试点在做实个人账户之后，个人账户这部分基金，是不是也要到资本市场里买一点股票，或者是怎么保值升值的。如果进入资本市场的话，那我的脑海里就有一幅图像了。全国社会保障基金理事会应该是一个稳健的投资者，养老基金应该把资产的安全性放在首位。第一个目的不是去赚钱，不是去投机，不是去追求最高的回报，它要把安全性放在第一位，它要做一个温和的、稳健的机构投资者，在资本市场里面，它应该是稳定资本市场的力量。但现在的问题是，在我们的资本市场里，这种温和的、稳健的机构投资者太少了。假设在这个时候，社会保障基金进去，我的感觉好像是，一个大的食草动物带着一个小的食草动物要进入这个资本市场的森林，在这个森林里有很多的食肉动物，它们有可能会被吃掉，那么怎么办呢？从经济学的角度看，无非通过两种办法：一种是主流经济学的办法，找一个保护者——政府，拿出猎枪，把食肉动物打跑；另一种是培养多元的技术投资者，利益分布越分散，市场的参与者投资越多、越多元化，市场就越安全、稳定。这是报酬递增经济学给我们的一个启示。这就是说，社会保障基金的机构投资者越多，在这个市场里稳健的、温和的投资者越多，那么市场的整体就会越来越稳定。

　　那么，中国的社会保障制度是不是可以培养很多社会保障基金，搞竞争性的，都让它们进入资本市场，然后靠着人多势众，把食肉动物给赶跑，这样森林就平静了？这也是一种制度。按照这种制度的逻辑，现在一个全国社会保障基金理事会再带上一个小的计划，是不够的，可能需要更多的这种社会保障基金进入资本市场。所以，我认为社会保障基金进入金融资本市场的步伐，可以再快一点，当然前提是稳健的，不能为了贪图快而快。

　　另外，我们现在的基本养老保险制度，还有一个问题，就是它主要解决的是国有企业职工的养老保险问题，而在国有企业的体系里面，大企业的情况比小企业的情况好，中小企业的养老保险问题，解决得不如大企业，而且好像没有受到足够的重视。全国人大常委会刚通过一个《中小企业促进法》，其中关于中小企业的社会保障只是非常笼统地提了一句。

　　总的来说，中小企业在基本养老保险方面的受益程度不如大企业。所有中小企业的养老保险问题也更多地要依靠自身的力量去解决。但是靠它自身的力量，单个来看，是比较危险的。为什么呢？中小企业有它的特点：一是布局分散；二是自身体量太小，抗风险能力低。怎么办？如果要进入资本市场，那么最适合的，还是用共同基金的方式。用共同基金的方式把中小企业的养老金、企业年金组织起来以后进入资本市场，化小为大，积少成多。这样就跟我们社会学的兴趣比较接近了，就是中小企业的职工，也可以和那些大资本一起来分享资本市场发展金融的成果。不要把资本市场光搞成大资本才有能力参与的游戏，中小企业这些所谓的弱势群体，组织共同基金，也一样可以参与到游戏中来，分享金融发展的成果，同时还能比较好地抵御风险。我觉得这是一个思路，解决中小企业保障问题的一个思路。就讲这些吧！

评论人评论（刘世定）：

因为时间关系，我想简单做两点评议。

第一点，李教授刚才比较系统地介绍了中国社会保障制度改革的进程，从中我想到，在制度供给中，我们不时会碰到供给之后的意外后果。当社会提出某个制度需求的时候，各个方面包括政府开始设计制度，来满足需求。但这个制度的运行后果，会有大量的问题实际上是我们事先不知道的，要等到这个制度提供出来以后，问题才会逐渐显现出来。比如，刚才李教授讲到的养老金的收支缺口等问题就是这样。这里面有一个非常重要的提示，就是说在制度变迁过程中，学术研究的重要任务不仅仅是呼唤，或者说敏感地觉察到一种需求，然后再做出一些制度设计，同时非常重要的一点是，我们要在制度特别是长时期制度出现以后，跟踪进行实证研究。恐怕这是从事社会学特别是经济社会学的人应该着力下功夫的。这是我想做的第一点评议。

第二点，李教授讲到了基金制，讲到了社会保障和资本市场之间的关联，以及这里面出现的一些问题，这恰恰可以给我们这次讨论（也就是社会学的研究怎么能够和金融的研究结合起来）提供一个思考角度。社会保障问题一直是社会学的关怀之一，它涉及社会安全，涉及社会的基本公正问题。从李教授的发言中我感到，如果我们仍然沿着传统的社会学研究社会保障的路子走下去，不顾及金融市场的话，路会越走越窄。社会保障在现代市场经济条件下和金融市场紧密联系，如果我们不理解金融市场的运行，弄不懂社会保障制度和金融市场的接口，那么实际上我们的社会关怀是不能实现的。因为我们没有能力理解在现代条件下的社会安全、社会公正问题解决的一些重要路径。从这个意义上讲，这是对传统社会学社会保障研究的挑战。社会保障和金融市场的关系，可能是社会学研究和金融研究结合起来的一个比较方便的入手处。由此来看，我非常感谢李教授，能帮助我们突破传统程序。

中国农村金融及相关问题[*]

王苏波^{**}

中国的"三农"问题，政府已经很头疼了。实际上，时任总理朱镕基和一些官员已经表示，中国农村问题很复杂，我们亦感到这个领域的一些重大问题很不清晰。开篇我可以这样说一下，我们从上午到现在，前面的几个小时谈到了中国经济的一系列重大问题，但是我需要从底部开始讲起。曹远征博士和我们都是 20 年的朋友，我们共同的经验就是：中国经济体制改革以 20 世纪 90 年代为分界线，分为两大阶段，从 80 年代初，从农民的承包发展出家庭联产承包责任制开始，启动了中国经济的快速成长期。

这里面有一个不可忽略的问题——增长的动力问题。如果一个国家改革时期的增长，是靠牺牲若干重要的阶层，或者产业、团体的利益，那么这一增长就会非常脆弱，因此在增长到一定程度的时候，政府必须及时调整。我们现在的基本情况是，从 1984 年中国金融体制改革的那个起点开始，中国农村、农业和农民的问题就不是那么乐观了。大家回想一下改革开放前期，一系列的捷报都是从农村出来的，从那时候（20 世纪 80 年代中期）开始，卖粮难等一系列的消息就不是好消息，主要的原因就是和农村、农民有关的一个敏感问题——农村金融问题。中国的农

* 本文根据王苏波在 2002 年 10 月召开的第一届"金融、技术与社会"研讨会上的发言录音整理。录音整理者：王凯翰；校对者：张富玲。
** 王苏波，时为"中国后发地区农业合作创业项目"运作团队创始人。

村只有一种金融机构，叫农村信用合作社，这一历史大概是从 20 世纪 50 年代初期开始。

20 世纪 80 年代中期，随着农民收入的增加和农村的发展，农村信用合作社中，存款出现了较大幅度的增长。大体上在 1980 年的时候，改革开放刚开始，农户存款总额为 117 亿元，到了 1985 年前后，就迅速突破 700 亿元。但是从那时开始，资金出现了一个比较大的黑洞。农户也就是全体农民完全从农村信用合作社获得生产、投资和周转资金，其存贷比在 1980 年的时候是 0.14，到 1985～1986 年在 0.30～0.40 之间，但是从此以后一直滑落，到 1994 年滑落到 0.19，对农民的贷款不到农村信用合作社资金的 20%，这时全国农村信用合作社体系内的存款总额已经达到 7600 亿元。这是一个剪刀状，存款急剧上升，贷款比例持续下降。这钱到哪里去了？中国农业的问题，如果不从金融和金融社会学的角度介入的话，谈怎么种庄稼、谈天气，是永远解决不了的。

从 1980 年到 1994 年，这两个数据，即存款总额由 117 亿元增长到 7600 亿元，存贷比从 0.14 上去，之后又降到 0.19，值得关注。这里面有一个问题，请大家注意，当时农民唯一的贷款来源，就是农村信用合作社，没有其他渠道，也没有任何金融衍生工具在农村提供服务。那么这是怎么出现的呢？我们要回到曹远征博士所说的中国的金融体制层面去理解。农村信用合作社在信用合作的体制里面，完全没有成为国际上标准的合作金融机构。实际上现在世界上包括大部分发展中国家的农村金融，还是靠合作金库支撑。通常的说法就是从 1844 年英国首先创立了所谓的生产合作社，然后法国创立了所谓的合作体制单位；一直到 1847 年，从德国的储金社开始出现了最早的农村金融机构。经过 100 年的发展，德国和荷兰的所谓农村合作金库，都已经成为各自国家的第二大或第三大银行，而且进入世界前五十名，拥有巨大的市场。

中国的农业合作社是三种合作并存。生产合作，就是所谓的互助合作社，形成在人民公社之前；供销合作，就是供销社，提供生产数据、种子等；信用合作，是以社员、会员的方式来组织，这种三位一体的合作只维持了很短的时间。人民公社化以后，农村众多的信用合作社逐步变成了国家的农村基层金融机构，性质发生了变化，完全违背了合作金融的基本原则。合作金融的基本原则，就是本区域的社员会员制和一人一票等一套完整的、全世界通用的原则。关键问题还不在这里。

改革开放后，中国经济增长较快，尤其是工业经济增长较快。1984～1986 年中国工业经济和外贸经济增长较快的主要原因是，在中国大地上出现了乡镇企业。中国传统国营企业的效能和效率大部分都不好，所以经济增长的贡献，主要来源于从 80 年代中期开始发力的乡镇企业。但是乡镇企业的初始资本金来源，需要大家关注。国家对乡镇企业是没有投资的，全世界只有中国乡镇企业的巨型增量资产是基于债务资本形成的，而不是基于股本金形成的，不是基于经济学意义上的投资形成的。生产队划一块集体所有的土地，然后把这块地拿去信用合作社商量，弄点钱来做企业，就开始运营了，此后流动资金也是由信用合作社提供。

在这个时期，中国农业银行作为承担农业金融业务的国家金融机构，对中国农村的金融状况和未来的问题，应当承担主要的行政责任。中国农业银行于 1979 年接管了全国所有的农村信用合作社，做了两件事情：第一，把农村信用合作社全部变成自己的基层营业网点；第二，农村信用合作社对贷款实行的是存贷比管理，比如说存贷比核定为 60%，我存100 元就可以贷出去 60 元。当时中国的金融行政监管和计划管理还是很强的，除农村信用合作社之外的其他国家银行和专业银行，全部实行的是额度管理，年度贷款额度用完了就无贷可放，谁拿到贷款额度，谁就有利差利息。

这个时期中国农业银行把大量的资金调存入基层的农村信用合作社，把农村信用合作社的账面存款拉高，然后运用存贷比管理的合法性，指导全国的农村信用合作社向新兴的乡镇企业发放大量的贷款。到 20 世纪90 年代，乡镇企业的效益滑坡。由于大批乡镇企业是基于债务资本起家，所以它只能破产；企业做不下去，怎么办呢？破产！这更多的是给经营者一个低价折让的机会，把企业卖掉。所以中国有一大批乡镇企业经营者、一大批农村中的胆大精明者，是通过这一机制、这个金融的漏洞，完成了建立在银行不良资产基础上的巨额原始积累。这也是造成中国改革开放后农村贫富分化的原因之一，这跟城市经济发展没有直接关系。

到 1996 年，中国农业银行为了股改上市，从县以下农村金融服务网点撤出，与农村信用合作社"脱钩"。脱钩的时候，中国农业银行以收回拆借资金为名，从全国的农村信用合作社抽走了大批资金，这就把提高存贷比留在农村信用合作社账面上的那些钱抽走了，把以乡镇企业逾期贷款为主的所有不良资产留给了农村信用合作社。可以说，改革开放以来，从 80 年代中期到 90 年代中期中国农村的投入，表面上看、账面上看是明显增长，但是这个增量的投向主要不是农业生产者和农民，而是中国工业的基层补充，就是乡镇企业。农村信用合作社与中国农业银行脱钩以后，变成了独立法人，自负盈亏。这时候它怎么回收那些不良贷款，又如何去核销钱？所以中国农业的发展停滞不前，农民和农村几乎没有金融服务，导致中国农业的效能和效率急剧下降。

"三农"问题的核心是金融服务乡村社会问题，这是国家不可推卸的责任。农村和农民最后的生产服务者，就是农村信用金融机构。中国农业银行实际上是政府在运作，农民用自己的收入（改革开放刚开始挣了一点钱，所谓城乡差别、差异调整稍微有一点好处）支持了农村信用合作社，农村信用合作社用这个钱支持乡镇企业发展，乡镇企业的快速成长成为中国工业经济中快速增长的部分，形成了改革开放初期国家最需要的经济增长活力，也推动了城市化和小城镇建设。因此农民为中国的改革付出了最大的代价。

刚才李绍光教授讲，城市劳动保障的个人账户可能是形式上的，是空账，但是城市人口起码没有落到连自己的储蓄都是空的。我再给大家提供一个数据，每年我们的金融机构和其他国有机构，从农村提走 6000 亿元的现款。这里面主要是由邮政储蓄（各地的邮政所办理的邮政储蓄，只存不贷）把这些钱全部集约、调剂往资金紧缺的城市，融进国家庞大的金融系统。不管是一级市场还是二级市场，不管是国家的信贷资金还是国家的财政，都在动用这部分资金。因为农民已经没有投入活动了，所以他存款的周转率非常低；城里人很少把一笔钱存在那里几年不动，农民是偶尔去取一点小钱消费消费，他基本上是一个消费者而不是一个投资者，他没有更多的投资机会。在这样的情况下，农村的储蓄是净流出：一部分主要通过邮政储蓄，另一部分通过中国农业银行、中国建设银行、中国工商银行这些大银行设在县里面的分支机构。

　　这样我们就对中国农村金融生态的现状有了一些了解。所以我今天讲的题目表达不完全，应该是中国社会转型引发的农村金融伤害。我们的政策性银行——农业发展银行成立以后，把农村问题放回农村，农业发展银行从1996年开始增设分支机构，但问题是，财政部核定的农业发展银行的资本金是200亿元，实际到位5亿元，财政实拨5亿元；其他据说将以退税形式加以补助，但是基本上没做。农业发展银行只有5亿元，相当于北京的顺鑫农业这种小的农业上市公司在上市中一次募集的资金。如此这般，农业还有谁去扶持？目前农村金融服务体系中的贷款方式也很独特。在全世界的合作金融里，客户贷款一般是不需要抵押和质押的，因为它是一种合作金融。中国现在大部分地区的农业贷款，要求提供抵押和质押，但农民是没有能力提供抵押和质押的。直到1997年，中国人民银行才发布《农村信用社改进和加强支农服务十条意见》，放宽农户小额贷款的条件，对没有拖欠记录、信用可靠的农户实行信用贷款制度，名义上可以不用抵押和质押。但事实上因为农村信用合作社没有钱，所以放不出款，只有一些发达地区放一些小额贷款，且放款条件极为苛刻。因此到目前为止，农村信用合作社在其存贷款组合中，发放给农民的贷款不到20％，大约是14％。农村信用合作社承担了60％以上的农业生产贷款、80％以上的农户贷款、70％以上的乡镇企业贷款，他们的资产状况非常差，这是一部已经不能被称为金融机器的金融机器。我也可以举出实例证明。北京市经济相对发达，北京农村信用合作社的贷款和存款的情况是：1984年农民贷款占该机构存款总额的15.43％，到1996年，就是金融改革中国农业银行撤出之后，即降为0.44％；而农民的储蓄占该机构储蓄存款的比例，1984年为43.14％，到1996年即上升为67.14％，存的越来越多，贷的越来越少，它的这个坡度反映了它对农业投入的服务状态。所以1991～1995年这段时间，以农村信用合作社为主的渠道，净流出农村的存款，共计2527亿元。机构从农村拿资金，在城市资金收益更高的地方介入资金拆借，参加其他的金融资本运作，获取比较高的利润。如果它是一种体制完整的合作金融，就不会有这个现象，但是它融入国有银行金融服务体系以后，自然就会有垂直的资金调动。

　　到了90年代末，数据显示，中国农村信用合作社存款总额在12000

亿元以上，占存款货币银行（包括国有非国有的商业银行、农村信用合作社、城市信用合作社、财务公司、农业发展银行等）总储蓄存款余额的 22%，但贷款总额只占上述金融机构贷款总额的 9.7%，这个差就是认识农村金融问题的一个要点。中国是一个农村人口占绝大多数的国家，农村土地资源的开发、农业的发展、加入 WTO 以后中国农业技术性差距的弥补，都需要大量的资金予以支持。资金投入面的这种严重不对称就不是一个简单的问题。

比如我刚才说到的邮政储蓄全国存款余额在 2001 年达到 5911 亿元，其中 3781 亿元是从县及县以下吸收的农民的存款，这是直接流出农村的。再加上国有商业银行和其他商业银行从县以下吸收的 3000 亿元，加在一起大约 7000 亿元，相当于 10 亿农民，男女老幼全算，每人每年被抽走 600~700 元的净存款，而此时农民的人均纯收入，就是 1300~1400 元。这导致农民根本没有能力进行农业的再投入，扩大农业的生产，提升农业的水平。这就是导致高利贷、地下钱庄首先在农村发展起来的原因。

中国的农民是没有剩余的，根据马克思主义经济学是没有剩余的；中国农村的农民，除了少数农民（包括种烟叶的农民）外，假定按照城里的一个人 300 元，两口子 600 元，那么一年一户应该有 7200 元的工资，不算福利。把这个数字算进去，中国 85% 以上的农业人口处于亏损、倒贴的状态。农民之所以还能维持生活，是因为他们从来不需要，也没有把自己劳动力价值算在成本里面的知识。两口子种菜，把菜卖出去，12000 元拿回来，然后把 12000 元减去种子钱、水电钱以后，剩下 8000 元，纯收入，很高兴。要是两口子按照城里人的标准，最低一个月也得计算 1000 元劳动收入，这账就没办法算。

没有剩余，也没有投入来源，也就是没有资金注入。那么劳动力创造不出剩余，资金再不进去创造价值，农民靠什么吃饭、靠什么发展？这是中央政府面临的很重要的问题。这里面的核心问题在于乡村建设路径选择方面，坦率地讲，有三个战略性问题始终没有解决好，有误区。

第一个战略性问题就是：坚持粮食自给还是坚持提高农民的收益？在中国有限的土地上只要坚持粮食自给，就很难保证农民收益。那么现在我们必须做一个选择：放弃粮食自给，或是局部不具备条件的地区放弃粮食自给。这一点迟迟没有开政策的口，粮食安全省长责任制施行后，问题变得更加复杂。一放粮又多了，一收粮又少了，就逼着广东各地还要种粮。广东人有办法。我到广东省调查的时候，每个县都完成了粮食任务，主要原因是什么？花钱买湖南和贵州的粮食，反正咱们有的是钱，交吧！它是这样做的，但是中等收入以下的地区就不行了。只要你坚持粮食自给，就没有效率可言。什么叫粮食自给？中国有限的土地如果坚持种平均亩产 315 公斤的水稻和 280 公斤的小麦，就很难实现自给。你要和欧洲人学种亩产 900 公斤的土豆，你早就自给了。所以国民的食品结构必须调整。

没有人去计算农民家里的存粮，但有一条，一定要保证国库里的粮食存量，结果导致全国每个人都能吃三年的粮食存在国库里面，还不包括农民自己家里存的。加入 WTO 后，这个概念到了要放弃或者起码要重新确定的时候。加入 WTO 以后，中国其实就不用再坚持原来意义上的那种粮食自给，因为美国、加拿大或澳大利亚等粮食出口国的政府并不会限制其国内的农民和企业将粮食卖给中国，而且最核心的问题，我们国家主粮种植成熟期平均是 90～140 天，国库根本不需要储备三年的粮食，只要维持若干月到一年的应急动员粮食即可。重要的是农地要保护好。多年来一直纠缠于这个问题，是个误区。

第二个战略性问题是：应当节约土地还是节约劳动力？节约土地就是提高它的生产效率，我们这次就把一个小黑麦品种的种植作为一个投资项目。一亩的麦子长了两亩地的秸秆，就是草饲料，一亩地当三亩地用这叫节约土地。中国不在这上面下功夫，而是在节约劳动力上下功夫。美国在 1951 年实现农业机械化，苏联在 1957 年实现农业机械化，于是我国提出"农业的根本出路在于机械化"，但在这么分散、碎裂的小块农田上去实现机械化，结果可想而知。改革开放以来，农业机械化的指数急剧下降，但是农业增长速度加快，说明它们之间没有必然关系。

这次国庆节到四川南充市（一个有 725 万人口的地级市，120 万人口在城市打工，劳动输出，改革开放以来累计超过 300 万人），去给它做社会学分析，我们把南充市界定为未来五年内经济可能实现大幅增长的地区。因为它有 200 多万人，即 1/3 的人口在大城市接受过都市文明的熏陶，文明程度得到提高。这绝对不是当地那些政府官员能干的事情，要把 200 多万人教育到不随地吐痰、公共汽车上让座、饭馆里不要大喊，政府得花多少钱去教育他们？但是实际上做到了。那么这些人回到家，20 多岁要结婚、要成家。我们做了一个抽样，就是你兜里装着 100 元出门到县城，你有安全感吗？那些没有进过城的人都说没问题，因为来去只有 20 元路费，还有 80 元，吃一碗面只需要 1 元，怎么会没安全感呢？但所有在城里打过工的人都认为钱不够，不敢去，就是因为到北京，一出门车票、门票不得了，没带身份证要罚款，所以他们有一种认知，就是身上不带几百元钱是不够的，导致这种认知方面差距拉大的恰恰是他们消费和投资的双重能力。没有钱不行，就得挣，就得扩大生产规模。

　　第三个战略性问题是：应当推行数量型农业还是质量型农业？我们基本上走的是数量型农业。眼下，中国的蔬菜、粮食、水果、肉类、禽蛋的产量均是世界第一。我现在跟地方领导讨论的最严肃的问题就是：农产品的数量都爆了还不挣钱，你怎么调整？怎么改革？过去拉动改革的动力是，我再让它增产，但现在不能再盲目增产了，已经爆了，谷贱伤农。反过来就是跟劳动力有关，你要节约劳动力，就走机械化规模生产，越生产，它的数量越多，化肥、农药的用量越大。

　　从中国农业银行将其县以下农村金融服务网点与农村信用合作社脱钩以后，中国农村的三大合作体系彻底崩溃：由于分田单干，它的生产合作体系崩溃；由于生产资料放开，供销合作体系崩溃；由于中国农业银行股改上市导致农村金融服务体系明显缺失，信用合作即金融合作体系也崩溃。以上观点，大家可以查一个旁证数据，在《中国统计年鉴》里，你可以查到中国农业银行在代管农村信用合作社期间，对乡镇企业的贷款连续六年是零增长。

　　由于时间的关系，我只能跟大家初步沟通一下我研究的一些要点，希望大家能够意识到中国经济的增长、改革开放的成就，离不开广大的农村人口所做的贡献，不要忘了这个庞大的群体；一定不要忘了中国农业现在是一个亟待发展的领域，急需投资，而这个领域的投资是非常有效益的；一定不要忘了在加入 WTO 以后，中国的农业很可能成为新一波的投资热土，而且可能是中国经济真正的后盾和新的经济增长极。谢谢大家！

战后台湾金融信用的发展及其社会基础

陈介英[*]

一　引言

　　战后初期，中国台湾由于百废待举，财政困难，普通民众的财富大幅缩水。整个金融产业处于资金不足的状况，因此当时金融信用的发展仍处于初级与简单的状态，金融机构的往来对象主要是以公营事业机构为主，一般人只能借助民间的金融，甚至是当铺或地下钱庄周转金钱，此时期主要是金融信用，大都依赖对物或人的信赖。事实上可以说直至1961年台湾证券交易所成立，台湾的现代金融市场才逐渐发展起来。在90年代以前有助于台湾金融信用发展的相关商品很有限，如1980～1990年，台湾的保险有效契约数才从114万件快速增加到4360万件，投保率从6.5%提高到32.0%。共同基金受益人数到1998年才超过100万人。证券累计开户数到1988年才突破100万人，但很快到1999年就超过1000万人，其成交额在1987年以后才超过1兆元新台币。事实上，台湾的金融市场在台湾当局的管制下，发展得很慢。但随着80年代台湾经济因出口出现大量的贸易顺差，台湾岛内游资充斥，逼得台湾当局逐渐放宽对金融活动的管制，1991年有十几家新银行设立。但与此同时，因台湾企

　　* 陈介英，逢甲大学文化与社会创新硕士学位学程副教授、庶民文化研究中心主任。

业的经营成本逐渐上升，很多企业开始移转到东南亚或大陆设厂，证券市场、债券市场的发展使得台湾的金融信用在 1991 年以后，逐渐从以企业贷款为主转向以消费性贷款为主的发展方向（吴宗升，2012）。

在金融管制逐渐放松的情境下，我们看到台湾产生了很多金融的混乱现象。如银行呆账逐渐增加，金融弊案与各种金融的诈骗案件频仍（于宗先、王金利，2005：271～302），因此，本文主要探讨的是中国台湾在战后金融信用的发展过程中，是否有特定的社会基础条件对其有所限制或帮助？既有的社会人群的互动习性是否和金融信用的发展一样有所改变？有学者指出，信用体系的发展在美国从一个以农业为主的国家变成一个工业巨人的过程中扮演着相当重要的角色（MacDonald & Gastmann，2001：213）。同样，经此研究，希望有助于了解金融信用的发展对台湾产业转型或总体经济结构的改变是否也会有明显的帮助。

二　战后台湾金融信用的主要形态

若将金融机构分为货币机构和非货币机构来看，以银行为主的货币机构一直是台湾金融机构的重心。如在 1960 年底，台湾货币机构资产占有率高达 97.58%，其后虽逐年下降，但至 1993 年底时仍占 82.30%（"财政部"金融局储委金融研究小组，1996：6）。事实上，台湾战后的金融环境，明显呈现为双元性金融体系（许嘉栋，1992），即因台湾当局严格管制金融企业数量，使得既有的金融机构无法满足民间经济发展与人们生活安排上的各种资金需求，因此在金融信用上，形成由正式的金融机构取得与由民间金融取得的不同管道。其中前者以银行为主，后者以标会、高利贷和地下钱庄等为主。

根据黄永仁等（1983）的研究，台湾在 1961～1981 年间，银行一般放款利率平均较民间借贷利率低 12.20%，这种巨大的差距说明各种企业在不同的金融信用场域中，其资金成本有着很大的差异。其中有组织的金融体系的金融信用对象主要是大企业和公营企业，而中小企业则多数依赖民间的金融信用来筹措资金（陈介玄，1995；陈介英，1993；林宝安，1995）。就各自所处的金融信用场域而言，台湾中小企业的资金处境是不利的，但从其在经济活动上的表现来看，台湾中小企业又是出口的主力（吴惠林、周添城，1988；张绍台等，2005：158～161），事实上，就战后台湾经济发展的经验来看，在1990年之前，由于纺织业一直是出口顺差的主要创造者，故可以说台湾战后数十年的经济发展，基本上并不是靠金融信用的蓬勃发展，而是靠为数众多、隐而不显的中小企业顽强的制造生产与出口的能力。在以经验累积的技术与弹性化协力生产组合结构为主发展经济的背景下，台湾在过去数十年，也就是1990年之前的金融信用主要具有以下几个特征。

（一）以抵押为主的资金借贷

台湾金融机构的贷款，在实务上以担保品作为信用的担保是很常见的做法（于宗先、王金利，2005：310）。而所谓抵押是指债务人在借贷时，提供本人或第三人的不动产，以不移转占有的方式提供担保。当债务人没办法偿还债务时，债权人可将其所抵押的不动产出卖以实现债务的清偿。如陈政雄（1998：180）即指出："抵押权常见于银行与客户间的借贷关系，其具体操作方式主要是由客户提供不动产作为担保，设定约定数额的抵押权，以担保将来一定时期内发生的债权。"

台湾地区的银行在金融信用的运用上相当保守，即使是抵押贷款，在早期也有很多银行要求借贷人提供连带保证人，更不用说信用贷款。台湾的金融业在信用卡开始流行以前，不管是抵押，还是信用贷款，都需要有连带保证人。而据研究，台湾银行在实务上较少采取一般保证人做法，通常会要求借贷人提供连带保证人。因为依据相关规定，保证人分为一般保证人及连带保证人。对于一般保证人，银行在发生债务需追偿时，会先向借贷人求偿，接着再向保证人追偿；对于连带保证人，则可以直接追偿。因此，对银行来说，由于一般保证人做法在债务追偿作业时效上会较长，所以银行常会要求借贷人提供连带保证人，以有助于其求偿速度与方便性（邱金兰，2005）。

这种借贷人拿担保品抵押借款、银行还要求借贷人提供连带保证人的做法行之多年，到2000年之后才因规则修改而限制银行对已提供足额担保品的自用住宅贷款、消费贷款的借贷人，要求提供连带保证人。我们也可从台湾银行公会建议在借贷人兼担保品提供人的情况下，在设定最高限额抵押权债务担保范围时排除连带保证人，银行表示比较不能接受的报道（傅沁怡，2005），看到台湾银行在授信上，习惯于以人或物作为信用基础的普遍心态。我们从张绍台等（2005：258）的研究可看到，相较之下，外商银行重视的是公司的未来性与管理团队的能力。

由于战后台湾经济的动力是以制造业为主，其在金融信用的运作上也习惯于以资产作为保证，因此弹性机动但规模不大的中小企业的金融信用就不如大企业，这使得在台湾的金融信用结构上，大企业成为主要的借钱机构，而资产规模较小或没有固定资产的中小企业很难从银行借到钱（康涵真，1994；杨雅惠、许嘉栋，2014）。

（二）以相关规定为依据的资金周转形态

远期票券的使用可以说是台湾地区金融信用在实际运作中出现的一个很普遍也很具争议性的现象，因为兑现的时间拉长，不兑现时的追偿会面临较大困难。台湾地区在 1960 年之后由于修改相关规则、通过刑罚来保障票据的信用功能，因此，票据交换所会自动将支票没兑现的拒绝往来客户移送相关部门处理，使得一般收票者倾向于依赖相关规定保障。事实上，这虽然可以让票据的接受者降低征信成本，但并不能降低因疏于征信而面对的债务不履行成本（薛化元、薛兆亨，1999：414）。因为在现实商业情境中，债务的不履行，除了存心欺诈之外，在商业场域很多是由信用的过度膨胀导致。所以我们会看到在旧银行规定修改之前，遇到经济不景气时，就常会有许多票据犯入狱，至 1987 年修改删除票据刑罚规定，才不再有票据犯（郑洋一，1990）。

根据薛化元、薛兆亨（1999：434）的研究，我们可以看到由于票据犯人数颇多，在台湾地区出现了一些"代夫""代子"入狱的现象。但是，究竟票据犯的退票原因为何，是否真的都是以不正当心态去违反票据刑罚规定，实有进一步研究的必要。事实上，以 1964 年的个案为例，其中有四人均为受人连累或被倒会，或为叔叔、兄弟、夫兄连累，因此，台湾的票据刑罚规定对债权人是否有实质的保障，仍有商榷的余地。虽然 1987 年修改删除了票据刑罚规定，但在民间的资金周转上仍有不少是申请法院强制执行付款的"本票"的情形。

（三） 有限的金融商品

由于台湾当局对金融机构及市场管制严格，故可以说台湾金融信用的发展，长期处于受压制的状态（颜雅伦，2014：384）。但是到20世纪90年代之后，台湾经济的快速发展导致游资充斥，同时受到自由化及国际化的浪潮冲击，此种压制的状态逐渐改变，台湾金融市场开始出现各种新的金融机构与商品。

在早期管制的金融信用结构下，很多台湾企业在资金周转上采取权宜方式，如以远期支票"调头寸"的方式，也就是通称"黑市"的"票贴"业务，来因应资金的限制。"票贴"也可以说是一种地下金融活动，其所对应的是一种无组织的货币市场。台湾有组织的货币市场是在1976年货币市场的中介机构票券金融公司创设之后，才正式出现（林振国，1996：23）。

至1993年底，台湾各货币市场工具流通额占货币市场工具全部流通额的比例，以商业本票（48.92%）为最多，其余依次为可转让定期存单（34.57%）、银行承兑汇票（13.63%），以及"国库券"（2.88%）。若以市场规模来看，过去17年来有相当大的发展。如以1993年底的短期票券总流通余额与1976年底的短期票券总流通余额比较，可发现1993年底的短期票券总流通余额为1976年底的139倍，其中商业本票增加313倍，可转让定期存单增加166倍，银行承兑汇票增加243倍（林振国，1996：24）。这一方面可以说增长迅速，但其实所反映的是台湾货币市场从无到有的发展过程。

其中我们可以看到台湾金融市场的债券发行与交易量，在1991年以前相当少，主要是因为当时台湾当局财政均年有岁计剩余，故公债发行额不高。再加上台湾企业的融资，一向是以银行的中长期贷款或短期贷款展期来满足长期资金需求，所以企业债券发行量不大。故在其交易市场上，由于债券发行数量本就有限，加上大部分债券为金融机构作为流动准备而长期持有，债券交易显得稀少。但是自1991年以后，台湾当局为执行"国建六年计划"而大量发行公债，且时逢台湾股票市场交易低迷，投资人的资金转而投入债市，使得债券市场急速扩大。到 1993 年底，台湾地区金融市场的政府债券、公司债及金融债券发行余额计 7555 亿元新台币，较 1990 年底的 2993 亿元新台币增长 1.5 倍。交易量方面，1993 年全年店头市场交易量 13 兆 15587 亿元新台币，为 1990 年 1 兆 5923 亿元新台币的 8.3 倍（林振国，1996：27）。由此可知，台湾的金融市场是在 1990 年之后才粗具规模。

三　台湾金融信用的转型及其原因

其实从非货币金融机构的资产比重变化，可看到台湾金融信用的发展趋势。如在 1961 年，其资产比重才为 2.42%，但是到 1993 年，就已提高到 17.70%。在这段时间里，我们可以看到保险公司、票券金融公司与证券金融公司资产比重的增长最为明显（"财政部"金融局储委金融研究小组，1996）。台湾的金融信用原先主要是以银行为主的货币机构为其发展的行动主体，但随着金融市场的发展，各种非货币机构也渐渐成为金融信用的主要行动者与推动者（陈政雄，1998：180），其发展主要有以下几个面向。

（一）股票市场的发展

台湾一直到 1962 年才开始设立证券交易所，但到 1986 年开户数才有 3 万多人。随着 80 年代之后台湾经济的快速发展，股票市场也跟着活跃起来，使得其新开户数在 1989 年、1990 年都在百万人以上。虽然其后证券市场的开户数又因股市崩盘而急剧减少，但在 1997～2004 年，每年的新开户数都很稳定，都在百万人以上。就台湾证券市场的参与者面向而言，到 1988 年，其累计开户数才超过百万人（见表 1）。就上市公司数来看，也是在 1988 年才突破 100 家，到 2000 年，上市公司数已在 500 家以上（见表 2）。至于上柜公司，则是在 1997 年，数量才突破 100 家（见表 3）。

表 1　证券经纪商投资人开户统计

单位：人

年份	新开户数	注销户数	累计开户数
1986	34365	511	473758
1987	161178	441	634495
1988	975283	3608	1606170
1989	2081140	75561	4208534
1990	1101547	266710	5033088
1991	690957	436454	5162908
1992	759509	844077	5078340
1993	478954	356839	5200455
1994	620431	328408	5492478
1995	533769	291381	5734866
1996	798890	389989	6143767
1997	2071922	469155	7746534
1998	2436964	595643	9587855
1999	1714349	385778	10916426
2000	5111116	3667549	12359893
2001	1317812	767174	12910531
2002	2602285	2163901	12869344
2003	1691153	1540062	13053178
2004	1376963	755217	13720461
2005	757956	476318	14002106
2006	1467447	1222410	14247160
2007	1929764	1519204	14657731
2008	819161	597187	14877146
2009	985291	1738355	15122181
2010	763030	225552	15659669
2011	720828	1329093	16175554
2012	692970	2138818	16546146
2013	921432	1026368	16835521
2014	1037273	655690	17217905
2015	606189	284275	17539819
2016	1096874	895241	17821453

资料来源：台湾证券交易所。

表 2 上市公司股票发行情况

年份	家数（家）	资本额（十亿元新台币）	上市面值（十亿元新台币）	上市市值（十亿元新台币）	上市市值/GDP（%）	股价指数（年底）
1985	27	218	213	416	17	835.1
1988	163	352	344	3383	96	5119.1
1989	181	439	421	6174	157	9624.2
1990	199	533	506	2682	62	4530.2
1994	313	1100	1071	6504	101	7124.7
1995	347	1347	1325	5108	73	5173.7
1996	382	1661	1627	7529	98	6933.9
1997	404	2106	2066	9696	117	8187.3
1998	437	2734	2697	8393	94	6418.4
1999	462	3038	3057	11804	128	8448.8
2000	531	3661	3630	8191	85	4739.1
2001	584	4096	4064	10248	108	5551.2
2002	638	4444	4410	9095	93	4452.5
2003	669	4725	4706	12869	128	5890.7
2004	697	5058	5031	13989	134	6139.7
2005	691	5416	5390	15634	139	6548.4
2006	688	5523	5495	19377	158	7823.7
2007	698	5602	5559	21527	167	8506.3
2008	718	5735	5690	11707	93	4591.2
2009	741	5870	5773	21034	169	8188.1
2010	758	5928	5811	23811	176	8972.5
2011	790	6152	6027	19216	140	7072.1
2012	809	6385	6258	21352	152	7699.5
2013	838	6610	6488	24520	161	8611.5
2014	854	6783	6665	26892	167	10809.4
2015	874	6951	6849	24504	146	9708.9
2016	892	7022	6937	27248	159	10614.5

资料来源：台湾统计信息网。

表 3 上柜公司股票发行情况

单位：家，十亿元新台币

年份	家数	资本额	面值	市值
1990	4	1.75	1.75	8.39
1994	14	9.79	9.79	26.92
1995	41	173.01	173.01	245.73
1996	79	264.13	264.13	833.46
1997	114	314.89	314.89	1206.86
1998	176	381.39	381.39	887.63
1999	264	513.76	504.96	1468.44
2000	300	677.19	667.29	1050.59
2001	333	681.44	674.70	1412.19
2002	384	627.30	624.30	862.25
2003	423	639.47	638.11	1200.78
2004	466	626.10	615.90	1122.53
2005	503	643.18	633.21	1312.46
2006	531	726.20	702.42	1899.45
2007	547	714.81	679.17	1868.77
2008	539	703.07	662.27	772.11
2009	546	772.73	719.43	1914.22
2010	564	705.99	655.09	1984.64
2011	607	731.92	682.42	1417.09
2012	638	666.90	629.36	1737.98
2013	658	661.85	628.11	2324.82
2014	685	679.56	650.79	2680.56
2015	712	706.19	677.68	2730.83
2016	732	715.26	688.95	2722.62

资料来源：1990~2004 年数据整理自"金管会"；2005~2007 年数据整理自"金管会"证券期货局；2008~2016 年数据整理自证券柜台买卖中心。

20 世纪 80 年代中期台湾证券市场明显在飞速发展，到 80 年代末，加权指数即将近万点（杨士仁，2007）。吴宗升（2005）在其研究中指出，由于民间游资充斥、券商开放及信托基金的成立等因素，证券市场指数在 1989 年 9 月 24 日达到 8789.78 点，随后即因证所税与"林园事件"而崩盘。但 1989～1990 年，可以说是台湾股市史上最富戏剧性与代表性的一个时期。不管是在交易量、加权指数还是在开户数上都屡创新高，且其指数的升降速度之快也相当惊人，如从 1989 年的 4873.18 点，快速爬升到 1990 年 2 月 10 日的 12495.34 点，接着反转向下，到 1990 年 10 月 1 日降至 2560.47 点。因此，那段时期"买股票"几乎与"大家乐"一样成为台湾参与人数最多的赌博活动（彭淮南、李荣谦，1987；洪俊义，1988）。

无论如何，20 世纪 80 年代台湾的金钱游戏固然造成了社会上很多的事端，但同时也刺激了人们的理财观念，吸引了人们对财经现象的注意（李庸三、钱钏灯，1997：286）。证券市场的蓬勃发展，虽然形成很普遍的投机风气，但也使得台湾当局难以再继续以消极与压制的态度面对金融情境，而一般人也逐渐被逼着注意金融信用发展过程中的各种风险。

（二）新银行的设立

过去台湾当局以维持金融体系稳定与安全性为理由，针对银行的经营、设立，制定了不少管制措施，形成金融体系垄断的局面。严格管制导致银行间缺乏竞争，加上公营银行长期处于联合垄断与寡占的优势地位，导致银行业无效率与保守僵化。然而，1991 年开放核准新银行的设立，不论在银行的分行设立方面还是在雇用员工方面，皆大幅快速增加。台湾的银行数由 1990 年的 25 家开始逐年增加，直到 2001 年底，银行数已经增加到 54 家（王佳煌，2010）。

新银行的设立，使得台湾的金融信用运作机构开始面临竞争，其正面的效应是促成这些机构提高服务质量，加速引进新金融商品。梁国树（1993）指出，为了应对此一新的经营情境，建议现有银行或政府部门采取以下因应措施：（1）简化手续，更新计算机硬件与软件设备，提升服务质量；（2）开发新的金融商品，扩大服务面；（3）结合"中央银行""财政部"与存保公司的金融检查能力，进行金融检查，制定并适用明确的资本适足性原则；（4）准许合乎标准的金融机构合并与改制，以扩大经营规模，提高竞争力。事实上，从后来金融信用发展的情况来看，也确实逐渐朝向梁国树所建议的几个方向发展。

（三） 各种创新的金融商品

随着 1990 年台湾当局逐渐放松金融管制，在银行业务方面，外币保证金、外币间的换汇交易、指定用途信托资金投资国外有价证券、无折存款、公债存款、赡养信托、员工持股信托等业务先后被推出。在证券业务方面，也逐渐推出股票店头交易、开发新台币或外币可转换公司债、推动企业赴海外发行存托凭证，以及推出平衡型、债券型等证券投资共同基金。另外，在保险业务方面，自 1981 年以来，新开发产险商品 30 余种、寿险产品 200 余种。例如，商业动产流动综合保险、医院综合责任保险、意外污染责任保险、癌症保险、退休年金保险等都是新产险或人寿险。

（四） 消费性贷款的竞争

随着新银行的设立与各种金融机构设立管制的解除，台湾消费性信用的扩张速度非常惊人，如果从信用卡的发卡数量来看，虽然在 1992 年才超过 100 万张，但到 1998 年，6 年时间就超过 1000 万张，到 2009 年底已超过 3056 万张，平均下来，几乎每个台湾人都有两张信用卡。其签账金额也同样飞速增长，从 1992 年的新台币 648 亿元，到 1998 年的新台币 4910 亿元，至 2009 年更高达 1 兆 3654 亿元；预借现金也从 1996 年的 147 亿元快速增长到 2009 年的 2081 亿元（张顺教、何幸芩，2010）。另外我们也会见到，由于新银行的设立，以及企业客户的外移，各家银行遂竞相推展各种消费性贷款。这样的竞争情境使得信用贷款的手续与信用证明方式明显有所改变，如卢志高、刘菁菁（2004）在其研究中即指出，小额信贷在业务竞争下，信用贷款免保证人很快成为常态。台湾的消费性金融自 1990 年以后逐渐发展，1990 年贷款金额就开始突破 1 兆元新台币的额度，到 2016 年超过 7 兆元新台币的规模（见表 4）。

表 4　消费者贷款

单位：百万元新台币

年份	金额
1997	3598047
1998	3873602
1999	4050223
2000	4296486
2001	4270124
2002	4442484
2003	4969421
2004	5861529
2005	6583867
2006	6525931
2007	6568973
2008	6470852
2009	6591604
2010	6717051
2011	6780695
2012	6844124
2013	7005972
2014	7202656
2015	7448962
2016	7662302

资料来源：台湾统计信息网。

四　对金融信用社会基础的反思

　　台湾金融单位数量的增减，受主管机关行政管理的影响极大，而与经济发展程度的相关性较小。然而这种对金融机构及其分支机构设立的严格管制，固然可避免金融机构间过度竞争而影响金融安定，但金融机构数量不足，给了地下金融蓬勃发展的机会（黄永仁等，1983）。台湾的经济发展，就既有的各种研究文献来看，很明显可以看到中小企业在

1990 年以前扮演主要出口者的重要角色（张绍台等，2005：156～157），而中小企业中，有的因规模小、经营保守，有的因厂地不合法，总体而言财务的不透明度很高，有所谓两套账、三套账的问题，所以一般并不易从银行借钱，其中赚钱的企业有很多也不习惯于向银行借钱，因不想冒欠钱的风险。但随着经济发展而来的大量资本的累积，进一步投资的需求与全球化的竞争需求增加，很多企业也渐渐采用较为开放的做法，逐步引进各种专业经理人或投资者，在金融信用方面日渐扬弃过去的保守性格，开始习惯于从货币或资本市场取得营运扩展的资金。大体而言，台湾的金融信用，在过去数十年的发展中，基本上存在以下几种变迁趋势。

（一）从以人或物为主的信任到以风险管控为主的信任

由于战后长期处于严格的管制状态，故台湾只有有限的金融机构与商品，因缺少竞争所以并不易出现由市场竞争所致的变化。这使得在资金的筹措与周转上，有很大一部分是依赖所谓的民间金融或地下金融。如对于借贷人而言，民间标会的借款利率虽然高于金融机构借款利率，但由于手续简便，不需要担保品或保证人，故借贷人在无法从金融机构获得借款时，民间标会是一个重要的借贷融资中介。据统计，1982 年底，家庭保有民间标会债权（合会）的余额约为其金融机构储蓄性存款余额的 31.04%，因此，参加民间标会是家庭的一种重要的资产保有方式（李庸三、钱钏灯，1997：296）。

陈介玄（2005：36）在其研究中指出，金融社会的道德范畴，若无责任伦理的相应发展，社会大众的生存风险便不能真正有效降低，个人的生存仍处于随时受威胁的情境。对台湾产业发展的实际状况加以考察，我们可以很清楚地看到金融社会中的这种道德危机。但也正因如此，台湾金融信用的发展，实应渐由以人或物为主的信任，走向以风险管控为主的信任。

正因为台湾金融商品习惯于以人或物作为信用的保证，导致信用的获得较欠缺利用客观信息的搜集、分析或运用以降低风险的经验，因此，并不利于金融信用的良性与快速发展。为因应各种金融商品的信用风险管控的需要，台湾于1975年成立台北市银行公会联合征信中心，中心是由台湾银行业共同出资筹建的财团法人组织，负责经常性搜集各授信单位（借贷人）的财务数据、借款明细、票债信，甚至申贷过程中的放款查询记录等，以提供经常性咨询与征信，避免因金融机构各自隐藏必要的分析数据，造成征信盲点，导致不必要的损失。因此只要曾经有过票、债信上的瑕疵，均无所遁形，甚至近年信用卡已普及，信用卡账款逾期，均被列入记录，因此信用有瑕疵者，均为中心列管（陈政雄，1998：208）。事实上，此一中心的设立对于台湾各种消费性金融信用的发展，具有相当正面的效益。

除了有关借贷人信用状况的机构的设立外，台湾也因应金融市场对风险管控的需要，逐渐推动信用评级机构的建立。随着信用评级相关规定于1996年制定，台湾当局主导设立了"中华信评"，作为推动建立台湾信评市场的第一家信用评级机构。值得注意的是，信用评级并非表达债务倒账的绝对风险。如世界上最大的信用评级公司穆迪就认为，评级不能被当作违约倒账的预测工具，它只是表明债务违约机会的大小，是一种相对风险的衡量而已。但信用评级机构的设立与业务的推动，至少可以使台湾金融信用的发展逐渐朝超越以人或物为主的信任，而走向依赖客观信息而来的信任。

（二）从小道消息到客观研究的信息

台湾金融市场商品的买卖，充斥着各种小道消息，如有所谓的股友社，即借各种名义像顾问公司、股市快讯、杂志社，甚至只有名称而没有任何标识等，在报纸上大登广告，邀请投资人参与炒作。其操作的方式大都是电话联络。如有的就宣传不听该社"提示"某只股票即将下跌的投资人，都已被套牢，因此投资人应加入他们才可获利等危言耸听的言论（孙英奇，1989）。

1990年以前台湾金融机构的保守，使得很多有资金需求的人只能在借贷对象有限的情况下，受地下钱庄业者高利贷的压榨。如有研究即指出，以不动产抵押者视其顺位及额度，月息为2~4分，年息为24%~48%。以动产担保者，月息为10~30分，年息约为100%~300%。其中小额借款多以 7～10 天为一期，换算月息约为 45 分，年息约为 450%。其中影响最大的是业者间的不成文规定，借款必先扣利息，且届期若未及时清偿本金，则以复利累进计息，这往往使借贷人债务如滚雪球般扩大，导致倾家荡产（陈鸿铭，2000）。

台湾在 20 世纪 80 年代之后经济快速发展，但金融体系的涵容量不足，银行的资金中介功能不彰，故未能有效地引导民间的储蓄进入投资的管道，促使家庭的资金走出保守的银行存款形态，寻找更为有利的理财管道（李庸三、钱钏灯，1997：260）。1980～1990 年，台湾有很多地下投资公司兴起。在台湾当局严格管理与压制下，投资信息与机会具有高度封闭性与稀少性，因而地下投资公司是那些企图寻找资金出路或找寻资金需求的人建构出来的。

随着新银行的设立及金融管制的逐渐放松，台湾地区的金融信用有了长足的发展。如为弥补未上市股票流通信息的不足、解决封闭造成的弊端，台湾当局于 2002 年设立了兴柜市场——提供未上市股票交易与信息流通的平台。

另外，由于金融信用信息的需求，也因消费性贷款的发展，台湾银行公会为加强信用卡市场自律机制建设，制定了《信用卡业务自律公约》，并在该公会网站上提供信用卡小百科、信用卡发卡机构相关手续费收取及信息调查汇整表、信用卡风险及个人资料保护倡导警语范例等信息，这有助于持卡人选择适合自己的信用卡，同时也有助于维护持卡人权益。

再者，台湾地区于 2004 年成立的"金管会"，为保障消费者权益、提升信用卡发卡机构资产透明度，要求各信用卡发卡机构按月向其申报信用卡重要业务及财务信息应披露项目，包括流通卡数、有效卡数、当月发卡数、当月停卡数、循环信用余额、当月签账金额、当月预借现金金额、逾期三个月以上账款占应收账款余额（含催收款）的比例、逾期六个月以上账款占应收账款余额（含催收款）的比例、备抵呆账提足率、当月转销呆账金额、当年度累计转销呆账金额 12 项，要求各发卡机构在其各自网站披露。台湾地区金融监管机构也会在网站金融信息披露专区逐月披露信息，且要求信用卡持卡人可能负担的利率及各项费用收取标准，除须于各发卡机构网站采用首页连接及表列方式披露外，台湾银行公会亦应将此信息刊登于其网站，供消费者查询。

事实上，各种客观的研究信息，并不能起到根除风险的作用，而只是具客观性的信用参考信息而已。如信用评级机构，虽力求做到客观、公正，但机构本身也常明确表示，它无法完全避免因信息来源的错误、人为的疏失或相关设施错误的可能性，因此并不保证其所提供信息的正确性、完整性与可信度，同时它也对所提供信息中任何错误、遗漏所造成的结果，不负任何责任。因此，其评级判断只能作为参考，即它其实只能是投资人决策时所可考虑的信息之一，不宜作为唯一的判断依据。

（三） 从对台湾当局的依赖到对专业知识的依赖

台湾的金融市场，40 年来一直处于台湾主管部门的高度管制与保护之下。银行设立须经特准，实行刻意压低的官定利率。台湾当局也许希望经由对金融信用的管制，奖励投资，促进经济增长。然而，其所造成的结果是，金融业务在相关规定的限制之下，市场被有意地区隔分割，使得 40 年来金融机构的业务局限在传统的借贷业务中而很难突破（李庸三、钱钏灯，1997：265）。

若以金融信用的三种主要导向——价值导向、短期利益导向、市场占有率导向来看，金融信用由于台湾当局的管制，较为缺少价值导向。事实上，在台湾常可见到台湾当局为避免影响人心故而对经营不善的金融机构不敢断然处置，使得不少经营有问题的民营银行高阶经营者有恃无恐，上下其手掏空银行（周恒志，2002：20）。事实上，台湾当局对于金融活动的过度介入或管制，经常会造成业者没有机会熟悉风险的种类，培养出有效的风险管控能力。

在过去，台湾的商业习惯是使用远期支票，但这样会脱离支票原来所强调的方便支付功能，而其信贷功能，使得一般收票者风险增加。因此在 1987 年以前，台湾的票据刑罚规定对支票退票者课以刑责，企图以此方式提高票据的可信度。然而，根据相关研究，台湾的退票率确实受经济景气情况的影响。因此当初实不该试图以刑罚来保障票据信用。但是在长达 27 年的实验中，台湾民众所付出的成本很大，让很多人因票据问题而坐牢。除此之外，票据刑罚规定导致企业征信制度不健全、信用管理制度不佳，且增加了企业资金调度的困难，反而阻碍了台湾企业财务管理的升级（薛化元、薛兆亨，1999：446）。

事实上，台湾当局无法经由管制来改善金融信用环境，较为长远的做法应是培养真正客观专业的信用信息汇整机构，以提供金融市场可信赖的信用信息。然而这样的机构的设置及其功能的发挥，也并非可单由台湾当局促成，如台湾当局虽然于1975年成立台北市银行公会联合征信中心，由"财政部"及"中央银行"直接督导，但因内外环境不成熟，直到1992年，才顺应新银行的设立与金融自由化潮流设置"财团法人金融联合征信中心"，接手原台北市银行公会联合征信中心的业务。其主要负责建设全台信用数据库，增强台湾金融业征信功能，促进征信技能发展，提供经济主体信用记录及营运财务信息，以确保信用交易安全，促进信用制度健康发展。

除了信用资料的搜集、整理与运用对于现代金融信用的发展具有重要意义外，若消费者个人或厂商的信用状况，能经由具专业评级知识的机构来加以评定等级，如此也有助于金融信用的良性发展。但这方面的知识具有高度的专业严谨性，一般后进国家和地区并不熟悉。如信用评级严谨的定义是：对债务人就某一特定债务的信用风险加以评估，并出具等级的意见。其内涵的意义为：评估债务人依债务所定的条件，适时地支付利息及偿还本金的能力及意愿。因此，此信用评级机构除须评估债务人本身的信用风险外，也需要掌握此特定债务的约束及条件，例如担保品及其求偿顺位；同时也须有能力显示，当发生破产、重整或在破产规定的其他协助下，或在其他规定下会影响债权人权益时，对债权人的保护程度。简单地说，此机构要能披露债务不履约的可能性，与其所能提供的保障性（储蓉，1999）。此种信用评级机构的运作，基本上需要有很强的信息搜集能力与专业知识的累积能力。

尽管很多人可能知道有所谓的信用评级公司，然而要了解此等机构对于一个地区金融信用发展的重要性，并不容易。因为对于习惯于视台湾当局为金融信用主要提供者的地区而言，要利用各种征信工具去掌握金融交易的风险，还需要有心态上的调适过程。因此，我们常可看到，在台湾，无论是受评公司、投资大众还是政府官员对信用评级有许多误解，以至于信用评级在推行初期受到相当的阻碍与挫折（储蓉，1999）。不能了解的原因其实并不在于信用评级的专业过于艰深，难以令人理解，主要在于台湾的社会心态基本上还是依赖台湾当局或依赖权威，而不大习惯于风险自负或真正了解风险的意义。

五 小结

从台湾战后金融信用的发展经验来看，固然金融机构因关涉社会大众金钱的安全性而需要有较严格的监督与管理，但台湾当局过去实行的做法是经由对金融机构数量与营业项目的严格管制，以求得金融市场的安定，而非采取开放设立但对其实行专业管理的做法。因此，在1991年开放核准新银行的设立之后，整个台湾的金融情境，在短短的十几年间就由金融信用供给不足到金融信用供给过剩。台湾的金融信用虽然在工具上或制度上已有所更新，但是社会大众面对金融信用的心态，基本上还处于新旧交杂的境况，也就是并不了解客观信用信息与信用评级机构，其实它们只是提供金融交易参考的客观指标，其权威性并不在于是否有台湾当局背书，而在于其专业权威的有无。其权威立基于专业的可信赖度，因此，若不能建立社会大众对其专业的信任，此等机构就无法取得有效的市场地位，而使得金融信用的运作只能停留在依赖对人或物的信任上。

金融信用就其现实运作的面向来看，主要关联资金运转的效率与功能，但常会因制度情境的差异而有不同的形态。虽然很难说以人或物的信任为基础，或以专业知识的信任为基础，哪一种形态更好，但不可否认的是，要因应金融环境的快速变迁与势不可当的金融全球化趋势，不走向后者，金融信用的发展将会面临较大的困难。事实上，本文的讨论主要是希望指出金融信用发展的可能性和其背后存在的社会基础密切相关，至于如何相关，因篇幅与时间因素的限制，本文只是点到为止，并未做进一步申论，我们希望未来能对其做进一步的厘清。

参考文献

"财政部"金融局储委金融研究小组编，1996，《我国金融制度与政策》，台北："财政部"金融局。

陈鸿铭，2000，《急需借贷、交易成本与管制成本：以台湾当铺业为例》，新竹："中华"大学工业工程管理研究所硕士学位论文。

陈介玄，1995，《货币网络与生活结构》，台北：联经出版事业公司。

陈介玄，2005，《制度变迁与产业发展：从工业到金融体制之转型》，台中：文笙国际金融。

陈介英，1993，《台湾中小企业资金运作的特色及其社会性形构条件》，《中研院民族学研究所集刊》第 75 期。

陈政雄，1998，《银行百科》，台北：金钱文化企业股份有限公司。

储蓉，1999，《对发展信用评级应有的态度与做法》，《经济情势暨评论季刊》第 5 卷第 1 期。

傅沁怡，2005，《授信前保人须签风险声明书》，《经济日报》7 月 13 日。

郭恒庆，1990，《金融市场》，台北：前程企业管理有限公司。

洪俊义，1988，《论大家乐的成因、影响与遏阻对策》，《警学丛刊》第 18 卷第 3 期。

黄富三、翁佳音，1999，《台湾商业传统论文集》，台北："中研院"台湾史研究所筹备处。

黄永仁、杨金龙、罗庚辛、黄博怡，1983，《台湾地下金融问题——民间合会与地下钱庄》，南投：基层金融研究训练中心。

康涵真，1994，《关系运作与法律的边缘化：台湾小型企业非正式融资活动的研究》，《台湾社会研究季刊》第 17 期。

李庸三、钱钏灯，1997，《台湾地下经济论文集》，台北：联经出版事业公司。

梁国树，1993，《金融自由化之路》，《天下杂志》第 141 期。

廖玲珠，2016，《信用卡业务效率评估之实证研究——以台湾个案银行为例》，《管理科学研究》第 10 卷第 1 期。

林宝安，1995，《台湾地方金融与地方社会——信用合作社的发展历史与社会意义》，台中：东海大学社会学系博士学位论文。

林振国，1996，《我国金融制度与政策》，台北："财政部"金融局。

卢志高、刘菁菁，2004，《抵押贷款免连带保证人》，《民生报》6 月 10 日。

吕慧君，1994，《银行内部与外部因素对新旧银行放款对象之影响》，台北：东吴大学经济学系研究所硕士学位论文。

彭淮南、李荣谦，1987，《大家乐对社会大众持有通货之影响》，《中央银行季刊》第9卷第3期。

邱金兰，2005，《二次金改不要"呷紧弄破碗"》，《联合报》9月11日。

孙英奇，1989，《股市一千零一夜》，《天下杂志》第10期。

王佳煌，2010，《雁行千里：东亚发展型国家的金融改革》，台北：巨流图书有限公司。

吴惠林、周添城，1988，《试揭台湾中小企业之谜》，《企银季刊》第11卷第3期。

吴宗升，2005，《信息、知识（I - K）与市场结构——台湾股市的社会学分析》，台中：东海大学社会学研究所博士学位论文。

吴宗升，2012，《台湾卡债问题的社会面分析》，《全国律师》第16卷第1期。

许嘉栋，1992，《双元性金融体系下经济自由化的福利效果》，"中研院"经济研究所。

薛化元、薛兆亨，1999，《战后台湾票据制度之发展——以支票为中心》，载黄富三、翁佳音编《台湾商业传统论文集》，台北："中研院"台湾史研究所筹备处。

颜雅伦，2014，《台湾金融产业的竞争政策：以竞争法的观点出发》，台北：元照出版公司。

杨士仁，2007，《股海翻腾：一个老记者的观察》，台北：巨流图书有限公司。

杨雅惠、许嘉栋，2014，《台湾金融体制之变迁综观》，台北：台湾金融研训院。

于宗先、王金利，2005，《台湾金融体制之演变》，台北：联经出版事业公司。

张绍台、王伟芳、胡汉扬编撰，2005，《台湾金融发展史话》，台北：台湾金融研训院。

张顺教、何幸芩，2010，《台湾信用卡厂商竞争策略和竞争行动分析》，《台湾金融财务季刊》第11卷第4期。

郑洋一，1990，《票据法之理论与实务》，台北：三民书局。

周恒志，2002，《国内金融机构应塑造新的信用文化》，《今日合库》第28卷第6期。

周添城、吴惠林，1988，《试揭台湾地区中小企业之谜》，《企银季刊》第11卷第3期。

MacDonald, Scott B. & Albert L. Gastmann. 2001. *A History of Credit and Power in the Western World*. Routledge, New Edition.

"银证通"的有关思考[*]

郭爱民[**]

一 引言

工业革命以来，技术创新推动各国经济加速发展，有力地改变了人们的社会关系、社会生活和社会组织形态。20 世纪末开始的互联网技术，有效地降低了人们在经济活动、社会活动中传递信息和获取信息的成本。随着互联网的普及和网络技术的成熟，不但人们的经济、社会生活越来越依赖于网络，企业也利用网络技术来发展各种满足客户需求的新业务。"银证通"就是金融企业利用网络技术进行的业务创新。利用网络技术，"银证通"使在商业银行开户的证券投资者通过证券公司的交易系统进行证券投资交易，从而达到"银行托管资金，券商托管证券"的目的。自1998 年一些银行推出"存折炒股"——"银证通"的前身——业务开始，"银证通"经历了 8 年多曲折发展的历程，获得了巨大的成功。2004年，仅招商银行"银证通"的 A 股全年交易量就达 502.51 亿元；沪市 B

* 本文为 2006 年笔者参加北京大学中国社会与发展研究中心和东海大学社会学系举办的第三届"金融、技术与社会"研讨会的参会论文。感谢与会专家的批评指正，尤其是胡军师兄对"银证通"模式下投资者之间也存在的网络互动提出了很好的意见建议。文章仅代表作者本人的观点。
** 郭爱民，北京大学社会学系 2005 级硕士，现供职于广东省地方金融监管局。

股、深市 B 股全年交易量分别达到 3617 万美元和 9.4 亿港元①，被誉为"证券小年里的经纪业务之星"②。

虽然"银证通"的发展获得了巨大的成功，但是理论界对这一现象进行研究的文献极少，且缺乏理论上的分析。相关研究信息零散地出现在有关商业银行业务创新探讨（顾城，2003）及银证合作的论文（金秀、吴豪，2002）中；金理峰（2002）详细地介绍了"银证通"的发展背景和发展历史，并介绍了其优点；还有一些文献从市场营销的角度对如何开展"银证通"业务进行了探讨（王书芳，2005）。有鉴于此，本文拟从新制度经济学交易成本和社会学网络分析的角度，尝试对"银证通"做初步的理论分析，希望能起到"抛砖引玉"的作用。

二　"银证通"：技术创新对证券投资流程的变革

在对"银证通"进行理论分析之前，有必要对"银证通"及其创新之处做一番介绍。这部分先介绍传统的证券投资参与流程，然后介绍什么是"银证通"，最后介绍"银证通"和传统的证券投资参与流程有何区别。

（一）传统的证券投资参与流程

我国沪深两市股票交易采取的是二级代理模式，即证券投资者买卖在沪（深）证券交易所上市的证券，须委托沪（深）证券交易所的会员代为买卖。投资者在中国证券登记结算有限公司开立股东账户后，再到证券公司营业部开立资金账户，买卖证券时资金清算和证券交割都在资金账户内进行。在买入股票等证券之前，投资者须先将资金从银行③账户转入资金账户。具体的操作流程为：先去银行柜台办理资金转出业务，

---

① 《招行"银证通"全年交易量突破 500 亿》，《上海证券报》2004 年 12 月 30 日。

② 《银证通：证券小年里的经纪业务之星》，《招银财富》2005 年第 2 期，http://www.cmbchina.com/CMB＋Info/publication/2005/term2/gofortune/yzt.htm，最后访问日期：2010 年 6 月 30 日。

③ 此处及之后行文中的银行均指商业银行。

然后再到证券公司营业部将银行开具的转账凭证交给证券公司营业部的资金柜台，经证券公司营业部的资金柜台确认之后将资金转入投资者资金账户，在当日股市收盘之后，证券公司再和银行进行资金清算。投资者需要买入证券时，通过证券公司连接到沪（深）证券交易所的电子交易系统，在该证券公司的席位上进入证券交易所买入证券。卖出证券之后，投资者若想将资金账户里的资金移作他用，则须先将资金从证券公司营业部转到银行，再从银行提取资金，运作过程和上述将资金转入证券公司营业部的过程相反（见图1）。

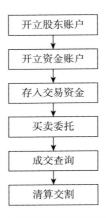

图1 传统的证券投资参与流程

（二）"银证通"对传统的证券投资参与流程的变革

"银证通"俗称"存折炒股"。投资者在银行开立活期存款账户作为证券买卖的资金账户，资金托管和资金清算均在这个活期存款账户上进行。银行负责资金的管理、冻结、划拨、解冻等。投资者买卖证券时，通过证券公司股票交易委托系统完成交易，证券公司负责股票的清算交割等。双方通过网络实时传输有关资金和证券的信息，完成整个交易过程。每次交易结束，投资者的资金余额即时、自动转入银行的活期存款账户，结余证券则自动存管在投资者在证券公司营业部开立的资金账户上。投资者完成交易当天收市后，银行和证券公司之间通过网络传输投资者账户的有关数据，进行资金清算和证券交割，最终实现了"银行托管资金，券商托管证券"的目的。

"银证通"能成功运作，网络技术的引进起到了关键的作用。在证券投资中，保证投资者及时稳定地进行操作是证券公司基本的服务标准。而投资者在证券公司的信息和在银行的信息分别属于两类机构的网络系统，在传统的证券投资流程中，投资者在银行和证券公司之间转账、查询证券及资金余额等，需要到证券公司（银行）营业网点亲自办理。网络技术大大降低了银行和证券公司之间传递投资者相关信息的成本，保证投资者能够及时、有效地进行证券交易及有关的资金查询、证券查询、资金存取等操作，从而使"银证通"这种银证合作创新业务的出现成为可能。

和前文所述传统的证券投资参与流程相比，"银证通"有以下两个突出的不同之处。

第一，投资者的交易资金账户设置在银行的活期存款账户上，这导致两个重要的后果。其一，资金的风险降低。和证券公司相比，银行的信用级别更高，抗风险能力也更强。"银证通"采取的是"银行托管资金"的运作模式，有效地降低了资金的风险。其二，资金的存取成本大大降低。"银证通"投资者的资金被托管在银行的活期存款账户上，每次卖出证券之后，资金通过银行和证券公司之间的网络系统自动转入银行的活期存款账户。投资者可以利用银行的通存通兑系统，到银行联网网点存取交易资金。这里需要特别指出的是，虽然投资者卖出证券后资金余额直接转入其活期存款账户，但是资金从证券公司转到银行要在当日下午两者之间清算之后才能实现。在此之前，资金实际上仍在证券公司系统内，自动转入投资者活期存款账户的资金由银行先垫支。

第二，投资者在银行的营业网点开户。在传统操作流程中，投资者需要到证券公司营业部办理开户手续。成为证券公司营业部的客户之后再通过证券公司营业部提供的交易系统进行证券交易。开展"银证通"业务的证券公司根据与银行签订的协议，在银行营业网点设立柜台，派驻业务人员在银行营业网点为投资者开户。这实质上是证券公司将自己的营业网点延伸至银行的营业网点。

三 "银证通"：技术创新对货币金融的影响

"银证通"是银行和证券公司利用网络技术进行的一种业务创新。用网络技术来传递投资者的资料和有关资金、证券的信息，大大地降低了企业开展业务和人们从事证券投资活动的交易成本。"银证通"通过"银行托管资金"的方式，每次自动将投资者卖出证券后的资金余额转入投资者的活期存款账户，大大缩短了资金在银行系统之外滞留的时间，使投资者减少了"为满足证券投资需要而持有的货币量"，以及这部分货币的周转速度。在这部分，笔者构建出投资者对"证券投资的货币需求"模型，分析"银证通"这一由技术创新引起的金融创新对货币金融的影响。

（一）"证券投资的货币需求"的推导

（1）投资者根据证券市场行情做出投资决策，记单位时间内的证券投资交易额为 M。证券市场行情转好时，投资者的投资意愿增强，从而 M 增大，证券市场行情的好坏体现在证券市场的预期投资收益率 r 的大小上。所以 M 为证券市场预期投资收益率 r 的增函数，假设该函数为线性函数：

$$M(r) = Ar + B$$

其中，A 为证券市场预期投资收益率变化对 M 变化的影响系数，B 为市场的"基本证券投资需求"，表示人们不受证券市场预期投资收益率变化影响的证券投资交易金额。

（2）假设投资者的证券交易行为在单位时间内是等概率的，因而"证券投资的货币需求"在时间上是均匀分布的。投资者在进行证券投资之前，需要将资金从银行账户转到证券公司开设的资金账户上[①]，我们把

---

① 在"银证通"模式下，投资者在银行开设的活期存款账户代替了资金账户，这时候虽然资金即时被存入活期存款账户，但实际上在银行和证券公司未完成资金清算之前，资金仍然在证券公司账户上，只不过"银证通"大大缩短了资金转移的时间。

这个过程称为"取款"。假设单位时间内取款次数为 n，由于"证券投资的货币需求"在时间上是均匀分布的，所以每次需取款的数量为 $\frac{M}{n}$，如图 2 所示。

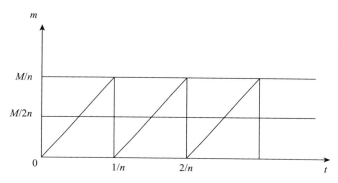

图 2　投资者"证券投资的货币需求"的推导

所以在单位时间内，投资者的证券投资货币需求量 M^* 为：

$$M^*(n) = \sum_{j=1}^{n} \frac{1}{2} \frac{M}{n} \frac{1}{n} = \frac{M}{2n}$$

M 和 M^* 的区别在于，前者是投资者完成交易所需要的资金量，可被视为证券投资交易额；后者是单位时间内投资者"为满足证券投资需要而持有的货币量"，可被视为"证券投资的货币需求"。

（3）投资者为满足证券投资需要而持有货币是有成本的。这个成本包括两部分：第一部分由货币流动性降低和风险加大带来。首先，在证券公司账户上资金的流动性远远低于银行活期存款账户上资金的流动性；其次，证券公司的风险远远大于银行的风险。记这两者引起的损失为 C_1，损失率为 i，则有：

$$C_1(r,i,n) = M^* \cdot i = \frac{M}{2n} \cdot i = \frac{1}{2n}(Ar + B)i$$

第二部分是取款成本 C_2。投资者为了将资金从银行转移到证券公司，需要先去银行，然后去证券公司，这需要付出时间、精力，甚至交通费用。记每次取款的成本为 b，则 1 单位时间内总的取款成本为：

$$C_2(b,n) = nb$$

以上两项成本之和为：

$$C(b,n,r,i) = C_1(r,i,n) + C_2(b,n)$$

$$= \frac{1}{2n}(Ar + B)i + nb$$

在损失率 i、取款成本 b 既定的条件下，"证券投资的货币需求"的成本取决于取款次数 n。求解最优证券投资货币需求量的问题转化为求解持有货币成本最小的问题，即如下最优化问题：

$$\min_{n} C(b,n,r,i)$$

从而

$$\Rightarrow C'_n = -\frac{1}{2n^2}(Ar + B)i + b$$

由

$$C'_n = 0$$

$$\Rightarrow n = \sqrt{\frac{(Ar + B)i}{2b}}$$

得到投资者"为满足证券投资需要而持有的货币量"为：

$$M^* = \frac{M}{2n} = \sqrt{\frac{(Ar + B)b}{2i}}$$

(二)"银证通"对货币金融的影响分析

从 $M^* = \frac{M}{2n} = \sqrt{\frac{(Ar + B)b}{2i}}$ 一式出发，可以进行下面的分析。

（1）取款成本 b 变化对证券投资货币需求量 M^* 的影响为：

$$\because \frac{\partial M^*}{\partial b} = \frac{1}{2}\sqrt{\frac{Ar + B}{2bi}} > 0$$

说明取款成本降低导致投资者"为满足证券投资需要而持有的货币量"减少。

"银证通"利用网络技术，通过银行和证券公司之间的资金清算实现投资者的资金自动在银行活期存款账户和证券公司资金账户之间转移，大大节约了投资者的取款成本，使 b 迅速下降，减少了投资者"为满足证券投资需要而持有的货币量"。这表明，同一个投资者在用"银证通"进行证券投资时，在证券公司资金账户上的平均资金量比传统的证券投资参与模式下的平均资金量少。这可以用两个在相同时期内有相同交易次数和交易规模的投资者在证券公司资金账户上的平均资金余额来进行实证检验。

（2）取款成本 b 对货币周转率的影响。根据货币的数量方程式 $MV = PQ$，其中 P 为商品的价格，Q 为商品数量总额，PQ 为商品交易总额。同样，可以用此分析证券市场的投资者"为满足证券投资需要而持有的货币量"，设"银证通"投资者的总交易额为 P_sQ_s，其中 P_s 为证券的交易价格，Q_s 为交易数量，则有：

$$M^* V^* = P_s Q_s$$

$$\Rightarrow V^* = \frac{P_s Q_s}{M^*} = \frac{P_s Q_s \sqrt{2i}}{\sqrt{(Ar + B)b}}$$

从这个公式可以看出，取款成本 b 下降会使为满足证券投资需要的那部分货币周转率 V^* 上升。

"银证通"加快了资金余额在银行和证券公司之间的转移速度。投资者卖出证券之后，虽然资金仍在证券公司资金账户上，但已经由银行预先垫支给了投资者，并自动转入投资者的活期存款账户。这大大加快了资金从证券公司资金账户转移到投资者活期存款账户上的速度，缩短了资金滞留在证券公司系统内的时间，从而加快了这部分货币的周转速度，使 V^* 上升。

四 "银证通"：技术创新对银行投入－产出的影响

银行和证券公司合作开展"银证通"业务时，普遍采用的合作方式是：证券公司在银行营业网点设一个柜台，利用银行的营业场所开展业务，投资者同时在银行开立活期存款账户、在证券公司开立资金账户。银行开展"银证通"业务获得的收益主要来自两个方面：一是吸引储户的资金，加快资金从证券公司回笼到银行系统的速度，无须向证券公司支付同业存款息差①。二是对投资者的证券交易收取费用，主要有两种方式，视证券公司和银行的合作协议而定。一种方式是银行和证券公司对投资者的证券交易佣金分成，另一种方式是银行对投资者的每笔交易收取固定费用。利用现有的营业场所和劳动投入，和证券公司合作，银行扩大了自己的"生产"规模，并获得了更多的收益和利润。这样一来，问题就来了：根据新古典的边际分析理论，银行在未开展"银证通"业务时，各生产要素的边际收益已经和边际成本相等，达到最优的投入－产出状态。但开展"银证通"业务后，在不追加投入的情况下，扩大了银行服务的产出，获得了更多的收益，这又说明原先的投入－产出并未达到最优。如何回答这个问题？

可以用新制度经济学的交易成本理论来回答这个问题。新古典经济理论在对企业和个人的经济行为进行分析时忽视了人们经济活动中的交易成本。交易成本最初被视为人们利用市场机制的成本（Coase，1937），后来扩展为"交换所有权的成本"（Demsetz，1968），最后扩展为人们在经济活动中的所有组织和制度成本，"在最广泛的意义上，交易成本包括那些不可能存在于一个克鲁梭·鲁宾逊（一个人）经济中的所有成本。……它们不仅包括那些签约和谈判成本，而且也包括度量和界定产权的成本、用契约约束权力斗争的成本、监督绩效的成本"（张五常，1999）。

由于交易成本的存在，企业对要素的利用并不能达到新古典情形下的最优状态。在和证券公司合作之前，银行营业网点并未得到完全利用。这是因为利用多余的场所是需要付出交易成本的。譬如把大厅空闲的部分转租出去，虽然能使大厅的边际产出增加，但是为了获得这部分的产出，银行需要专人来负责此事，寻找好的租户，为签订租赁合同谈判，定期收取租金，还有可能因为合同纠纷而打官司。这些活动就是利用大厅空闲的部分所付出的交易成本。在交易成本存在的情况下，银行的最

---

① 我国的现状是，证券公司给投资者资金账户上的资金按 0.72% 的活期存款利率计息，证券公司再将这部分资金存入银行，获取 0.99% 的同业存款利率。通过将资金迅速转入投资者的活期存款账户，银行可以节约给证券公司的 0.27% 的息差支出。

优产出决策应该遵循的是：

边际成本 + 交易成本 = 边际收益

如图 3 所示，银行的平均成本曲线为 AC，边际成本曲线为 MC，边际收益曲线为价格线 P。q 为新古典情况下银行最优的产出。但现实情况中，由于交易成本 AB 的存在，银行实际的平均成本曲线和边际成本曲线分别上移至 AC1 和 MC1，从而最优的产出水平为 q1。由于交易成本 AB 太高，银行无法开展"银证通"业务，产出低于开展"银证通"业务时的水平 q2。

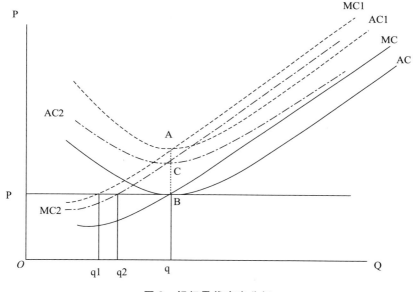

图 3　银行最优产出分析

得益于网络技术的发展，银行和证券公司合作推出"银证通"业务的交易成本大大降低，降为 CB，使得银行的平均成本曲线和边际成本曲线下移至 AC2 和 MC2。这时候产出提高到 q2，高于未开展"银证通"业务时的产出水平。在这里，技术进步导致利用要素的交易成本下降，使得产出增加。

五　"银证通"：技术创新对投资者人际网络和
信息传递的影响

在传统的证券投资参与模式下，投资者的证券投资活动与证券公司营业部密切相关，开户、资金存取、查询和打印对账单与交割单等一系列活动都集中在证券公司营业部这个有形的场所里。证券公司的客户服务部门作为投资者获取投资信息的最主要的渠道，给投资者提供专业的投资分析报告、报纸、杂志等。同时，投资者在证券公司营业部互相交流和证券投资有关的信息，形成一种互动的网状关系，不妨称之为"传统证券投资参与模式下的投资者互动网络"，如图4所示。

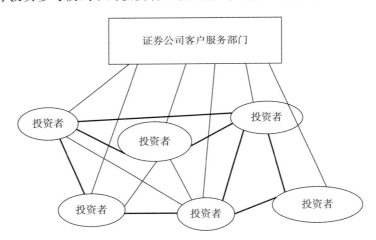

图4　传统证券投资参与模式下的投资者互动网络

注：线条越粗表示各主体之间的互动程度越高。

在"银证通"模式下，投资者并没有一个固定的投资活动场所①，投资者分布在不同的空间。利用网络或电话提供的交易、查询系统，投资者可以在办公室、家里，甚至随时随地进行证券交易和资金、证券的查询。这导致投资者在空间分布上极为分散，投资者在证券公司营业部面

① 证券公司把"银证通"客户归为"非现场客户"，意指不在证券公司营业部现场进行交易。与此对应的是"现场客户"，他们的投资活动主要是在证券公司营业部进行。

对面互动的频率大大降低，很多投资者甚至彼此从未谋面。而证券公司通过网络、电话等给投资者传递投资信息。姑且将基于这种互动方式形成的网络称为"'银证通'模式下的投资者互动网络"，可以用图 5 来表示。

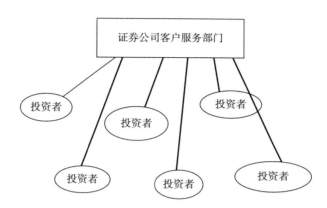

图 5 "银证通"模式下的投资者互动网络

注：线条越粗表示各主体之间的互动程度越高。

这两种互动网络在三方面存在显著的差异。

第一，和"银证通"模式下的投资者互动网络相比，在传统证券投资参与模式下的投资者互动网络中，投资者之间互动的频率较高，也即网络节点之间的联系比较强。在传统证券投资参与模式下，投资者在交易时间出现在证券公司营业部，空间上的聚集导致投资者的互动机会增加，提高了互动的频率。另外，多次互动使一些投资者之间形成了稳定的关系。这些投资者之间的互动不仅仅局限于传递和交流投资信息，同时还扩展到其他方面的互动和交流上。

第二，传统证券投资参与模式下的投资者互动网络的密度相对更大。"银证通"模式下，投资者并不同时出现在一个有形的场所，而是分散在广阔得多的城市空间，投资者之间互动的机会减少，从而降低了"银证通"模式下投资者互动网络的密度。

第三，"银证通"模式下投资者只与证券公司互动，而未与其他投资者互动。如果去除投资者和证券公司之间的互动，这个网络将瓦解。在传统证券投资参与模式下，投资者不但和证券公司发生互动，而且彼此之间也形成了一种网状的互动关系。如果去除投资者和证券公司之间的互动，并不影响这个网络的存在和稳定。

投资者互动网络的变化会影响投资信息的传递。因为许多投资信息的传递依赖于上述的投资者互动网络，通过网络上的节点来进行。网络形态的改变直接影响了信息传递的途径、方向和强度。在"银证通"模式之下，投资者之间没有直接的互动，也即未建立联系，因而彼此之间也就不会有信息的传递和交流。投资者只和证券公司有联系，使得证券公司在网络中处于"核心人"的地位，增强了证券公司在网络中的权力和地位。投资者获取投资信息时对证券公司的依赖性增强，这给证券公司带来了潜在的获利机会。在实际调查中，笔者发现，一些证券公司除了通过邮件和手机短信给"银证通"客户发送免费的投资信息之外，还开发出增值的投资信息服务。如 GX 证券公司向"银证通"客户提供"金色阳光"和"金智慧"之类的收费服务，前者每月收费 30 元，后者每月收费约为 60 元。

目前中国股市信息披露尚不够透明，提前获得内部消息成为投资者获取超额收益的一条重要途径。内部消息的传递主要依赖口头传递这种非正式、非公开的渠道。和传统证券投资参与模式下的投资者互动网络相比，在"银证通"模式下的投资者互动网络中的投资者之间没有联系，内部信息的传递也将受到阻碍。这导致使用"银证通"的投资者对公开信息的依赖程度上升，这也可能改变投资者的投资行为。

六　小结

"银证通"是一种银行和证券公司利用网络技术推出的金融创新业务。投资者在银行开立活期存款账户，利用证券公司的交易系统进行证券投资活动。通过网络传递信息，银行和证券公司即时共享投资者的相关资料，自动完成资金清算和证券交割，交易结束后资金自动转入投资者的活期存款账户，实现"银行托管资金，券商托管证券"的目的，节约了投资者将资金在银行和证券公司之间转移的成本——取款成本。取款成本下降使投资者减少了"为满足证券投资需要而持有的货币量"，并加快了这部分货币的周转速度。

由于交易成本的存在，银行并不能完全有效地利用投入的要素，产出并不能达到新古典情形下的最优状态。网络技术的发展降低了银行开展"银证通"业务的交易成本，使银行利用现有的投入开展"银证通"业务成为可能，从而增加了银行的产出，使银行获取更大的利润。

使用"银证通"的投资者不出现在一个有形的场所，投资者之间的互动不复存在，投资者只和证券公司互动。投资者为获取投资信息只能依赖证券公司，并且这种依赖程度大大提高，使证券公司潜在的获利机会增加，同时也可能改变投资者的投资行为。

参考文献

顾城，2003，《全面提升国有商业银行的综合竞争力》，《中国金融》第 1 期。

金理峰，2002，《银证通——证券电子商务的新机会》，《经济论坛》第 6 期。

金秀、吴豪，2002，《构建新型的银证合作关系》，《东北大学学报》（社会科学版）第 2 期。

王书芳，2005，《网络环境下的证券经纪业务营销》，《经济师》第 1 期。

张五常，1999，《关于新制度经济学》，载拉斯·沃因、汉斯·韦坎德编《契约经济学》，李风圣译，经济科学出版社。

Coase，R. H. 1937. "The Nature of the Firm", *Economica*，4：386 – 405.

Demsetz，H. 1968. "The Cost of Transacting", *Quarterly Journal of Economics*，82：33 – 53.

结构与激励：中国银行业改革的文献述评

鲁兴中*

一　引言

中国银行业的改革一直是我国经济生活中备受瞩目的一件大事，也是中外学术界最为关心的焦点议题之一。在转轨经济的背景下，现有的银行系统积弊已深，主要表现在不良资产比重过高、不良资产数额巨大、经营和管理水平低下等方面。因此，我国现有的银行系统的脆弱性程度很高，面临巨大的改革压力。

在很长一段时间内，我国的银行系统都是以四大国有银行为主，以国有控股商业银行、地方性银行、政策性银行和广大农村信用合作社等为辅。四大国有银行作为中国银行系统的中坚力量，一直充当着第二财政的角色，经营机制受到扭曲。而同时国家信用又弥补了银行资本金的不足，维系着国有银行既有的经营模式，政府与银行之间存在一种特有的默契。但是，随着市场形势的变化，中国银行业，尤其是国有银行，面临来自内外的两种压力和动力。一方面，随着中国遵守入世承诺全面开放本土金融市场的期限日益临近，中国银行业面临巨大的外资竞争压力；另一方面，中国经济持续稳定发展的客观实际也要求中国的银行业

　鲁兴中，北京大学社会学系 2006 级硕士，现供职于中国光大银行总行。

做出适应新经济形势的改进。

在这一背景下，近年来，关于中国银行业改革应何去何从的讨论越来越多。从政府到银行从业者，从学术界到实业界，都从不同的角度针对中国银行业改革给出了各自的制度设计。由于银行业改革正处于进行时，所以这些制度设计孰优孰劣，我们无法从实证角度进行更多的探讨。在本文中，笔者通过对这些制度设计进行梳理，希望可以对中国银行业改革的全貌和未来可能的走向有概括性的了解。

在本文中，笔者采用统一的逻辑框架来分析，即针对每种不同的制度设计，来看其可能会带来何种激励，这种激励又会导致什么样的结果。同时，对每种制度设计的逻辑进行理论和实证的分析，试图从最基本的逻辑层面切入，分析各种观点的本质。另外，在本文中，笔者更多的是从宏观角度对中国银行业改革的整体思路进行述评，对微观层面的具体架构不做更多的探讨。

从研究方法来看，在本文中，笔者主要采用的是文献研究法。笔者以"中国期刊网"作为主要的信息来源，首先对2006年以来与中国银行业改革有关的国内学术文章进行了归纳和整理，并由此辐射开来，对相关的更早期的文献进行进一步的挖掘。另外，笔者从《比较》中汲取了很多有用的知识和材料，也对一些国外学者的相关研究有了一定的了解。因笔者的能力和精力有限，本文不可能涵盖所有的研究文献，有不全面之处在所难免。

从搜集到的文献来看，中国银行业改革作为最新的改革热点，相关的研究很多。文章涉及的视角和观点极为广泛，针对一些热点问题也形成了论战的局面。然而，从文章质量来看，仍存在参差不齐的问题。大多数文章更侧重于陈述观点，而疏于严密的论证。笔者在整理文献的过程中，挑选了一些观点鲜明、论证较为周密的文章作为主要文献加以述评，而将其他较有价值的相关文献列在参考文献中，以供参考。

二 坚持国有和内部改造的制度设计

坚持国有和内部改造的制度设计，是中央政府和四大国有银行的主流观点。这种观点认为，中国的银行业改革应该在坚持国有的前提下，通过内部改造来提高效益。他们认为国有商业银行的主要问题是管理不严，只要进行内部结构改革、提高内部管理水平、加强外部监管就可以解决问题。这里所说的内部结构改革主要包括以下三个方面：第一，实行股份制改造（分为一级法人和二级法人两种情况）；第二，改变银行的治理结构，如成立董事会，以监督行长的行为，人事上银行与行政级别脱钩，改变官本位，等等；第三，加强监管和审计工作：加强中央银行、银监会、财政部、审计署、中央金融工作委员会对国有商业银行的监管。关于国有商业银行改革，中国政府已提出一项计划，拟用 5 年或更长的时间，把四大国有商业银行改造为"治理结构完善，运行机制健全，经营目标明确，财务状况良好，具有较强国际竞争力的大型现代商业银行"。改革的具体步骤分为三步：商业化经营、公司化和上市，即按照国有独资公司的要求，建立起商业银行的基本经营管理制度，消化历史财务包袱；在此之后，再将有条件的银行改革为国家控股的股份制商业银行，最后将符合上市条件的银行上市。

另外，有学者提出银行改革的产权无关论的观点。这种观点实际上也是认为国有银行的产权无须变更，可以在坚持国有的前提下，仅加强银行的内部改造就能达到改革的目标。银行改革的产权无关论出自郎咸平与世界银行合作的一项评估调查。郎咸平在对 78 个国家的 958 家上市银行进行分析后得出的结论是：银行的收益与股权结构没有任何显而易见的相关性；不同所有制的银行，其利润在相当长的时间内，都在一个很大的范围内浮动。在国家控股的银行中有资金回报率高的，而在民间控股和国外金融机构控股的银行中同样也有资金回报率低的。他的统计表明，全世界仅 8 个国家和地区没有国有银行。他还表示，一家银行的坏账率和这个银行的产权并无关系。影响银行坏账率的是经济环境下的信托责任。而信托责任一方面需要社会中每个人信用观念的强化，另一方面更需要的是有效的监管（郎咸平，2003）。其他一些学者也从理论和实证角度对此观点进行了论证和支持（黄汉波、王海，2004）。

针对银行业改革的主流观点，即"国有银行通过内部改造——商业化经营、公司化和上市——提高效益"，笔者认为，其逻辑存在一定的缺陷。首先，这种观点认为，现有银行体制的症结在于其内部管理不严，从而导致一系列的经营不善。通过内部管理改革和加强外部监管，在不改变现有产权结构的条件下，即可解决问题。但我们在这里可以提出一个疑问：国有银行现有的内部管理问题是什么因素导致的呢？从历史情况来看，这可能更多的是因为在政府产权主导的情况下，国有银行的经营导向失灵，从而出现了大量呆坏账等效率低下问题。所以，即使国有银行实现其公司化改革，能够顺利上市，但由于国有的性质并未改变，政府对于银行的内部事务仍可能有发言权，因此上市银行基于新的管理架构很可能依然改变不了现有的经营管理问题。其次，从现实的改革需要来看，四大国有银行的商业化经营、公司化改革已经提出近十年，但似乎收效不是很大。整体内部改造国有商业银行是一个长期的过程，同时为了改造创建相应的制度环境也非朝夕之事。而 2006 年 12 月，中国的金融市场即将向外资银行全面开放，这便使这种内部管理改革的思路无法满足改革迫切性的现实要求。

另一方面，以郎咸平教授为代表的银行改革的产权无关论也存在一些理论与实践上值得商榷之处。首先，产权无关论认为，银行改革与产权无关，因为在国家控股的银行中存在资金回报率高的，而在民间控股和国外金融机构控股的银行中同样也有资金回报率低的。但从概念角度来区分，资金回报率高与高效率是两个概念。国有银行可能会因其垄断地位而有高的资金回报率，但是这种垄断利润对整个经济而言是没有效率的，即帕累托无效。而且，主流经济学理论表明，在充分竞争的环境下，企业的利润趋近于零，但对于整个经济来讲却是有效率的。

其次，从结论来看，郎教授分析的是在产权明晰前提条件下国家持股的比例和银行绩效之间的关系，可以更明确地表述为："在上市银行当中，国家持股的比例对该银行的绩效没有明显的影响。"也就是说，上市银行中并不是国家占的股份比例越小或者说私有化程度越高其绩效就越高。但是，产权结构改革并不仅仅在于改变国家的持股比例，郎教授的论据并不能说明国有独资银行不需要推进股份制改革。事实上，股份制改革并不是简单私有化的过程，而更多的是在促使产权多元化的基础上来试图改进和解决经营管理问题。郎教授的结论具有误导性。

另外，从论据角度，郎教授的论述也存在一定的不周密性。郎教授在其文章的论据中引用了一个统计数字：全世界仅有 8 个国家和地区没有国有银行，以此来说明国有产权并不影响银行的效益。从现实情况来看，几乎所有国家都有国有经济成分，但其比重的大小不同，比如美国的国有经济占 10% 左右、法国的国有经济比例近 20%，中国的国有经济可能占 50% 左右。但是大多数经济发达国家中的国有经济成分在整个经济中只是起辅助作用，而不是主导作用。国有经济成分的存在，在许多情况下是出于非经济因素的考虑，比如国家安全、社会稳定等。从而，我们不能因为绝大多数国家都有国有银行就推导出我们无须对中国国有银行的产权进行改革。

三　利用外资改革的制度设计

利用外资来推进银行业改革，是近年来国内银行界和学术界讨论的一个焦点议题。从实际的改革进程来看，国有银行引进外资已经进入实质性阶段。从表 1 中我们可以看到 2005 年以来中国银行业引进外资的情况。

表 1　2005 年以来中国银行业引进外资情况

时间	国内银行	国际投资者	参股金额	比例（%）
2005.3	北京银行	荷兰国际集团 国际金融公司	17.8 亿元人民币 4.78 亿元人民币	19.80 5.00
2005.4	杭州市商业银行	澳洲联邦银行	6.25 亿元人民币	19.90
2005.7	中国建设银行	美洲银行 淡马锡	25 亿美元 14 亿美元	9.10 5.10
2005.7	南充市商业银行	德国投资与开发有限公司 德国储蓄银行国际发展基金	300 万欧元 100 万欧元	10.00 3.00
2005.9	渤海银行	渣打银行	1.23 亿美元	19.99
2005.10	南京市商业银行	巴黎银行	8700 万美元	19.20
2005.10	中国银行	苏格兰皇家银行主导的财团 淡马锡 UBS 亚洲开发银行	31 亿美元 31 亿美元 5 亿美元 1 亿美元	10.00 10.00

时间	国内银行	国际投资者	参股金额	比例（％）
2005.10	华夏银行	德意志银行及其关联实体 萨尔·奥彭海姆银行		9.90 4.08
	中国工商银行	高盛集团、安联集团和美国运通公司组成的投资集团	已签署备忘录，拟出资 30 亿美元收购 10％ 的股份	
	上海浦东发展银行	花旗集团	拟增持至 19.9％	

资料来源：巴曙松，2006a。

　　面对这种局势，有些学者表示赞同和支持。王一江和田国强（2004）认为，在当前，中国银行业改革的关键在于尽快充分地利用外资。他们指出，中国银行业改革面临两个"两难"，即效益与风险的两难、快与慢的两难，同时认为外资的引入可以有效地化解这两个"两难"。他们主张采用由外资参股，到中外合资，再到外资独资的方式和顺序来引进外资，并且进一步提出引进外资的改革战略的"四个有利于"：有利于解决国有银行面临的困境，推动和加快银行业的改革进程；有利于银行体系平稳转型及应对 2006 年向外资银行全面开放的冲击；有利于改善竞争环境，完善银行治理结构，引进现代金融管理人才；有利于建立与完善产权明晰的现代银行制度，实现商业化经营的目的，保持国民经济长期稳定发展。

　　还有一些国内学者参与了关于"国有银行是否贱卖"的辩论。赵萍认为，国有银行的股权定价并未低于国际市场的一般水平，而且随着国际战略投资者的引入，股改还会给国有银行带来很多额外的收益。她认为，国际战略投资者会从以下几个方面改善国有银行的处境。第一，外资的引入能进一步充实国有银行的资本金；第二，国际战略投资者能大大提升其他投资者的信心，确保首次公开募股（IPO）的成功；第三，国际战略投资者会带来先进的管理经验，从而大幅提升国有银行的经营能力；第四，国际战略投资者的引入，会使国有银行在业务领域得到很大的扩展；第五，国际投资者能促使国有银行治理结构改革的完成（赵萍，2006）。

　　巴曙松（2006c）认为，应该超越"银行贱卖"之争，来探究争论的制度根源。他指出，"银行贱卖"之争事实上缘于监管制度和金融市场的差异。从国际市场融资来看，中国国有银行的股权溢价是高于国际平均水平的。他认为对中国金融安全威胁最大的不是外资，而是落后的银行体系。所以应该超越"银行贱卖"层次的争论，转而关注中国银行制度和体系的改革。

从利用外资改革的制度设计的逻辑来看，这种观点的持有者都认为外资以战略投资者的角色介入国有银行改革，会促进银行内部管理和业务经营的改善。但是，如果我们从外资的角度考虑，其最主要的目的还是盈利。所以，只有在长期的营利目标上，外资才会与国有银行相同，但我们同样不能排除外资为了获利而采取短期投机行为的可能。

另外，从现有的国有银行引进外资的策略来看，保持国有控股是引进外资股改的前提。这就引出了另一个制度疑问：在国有控股的情况下，外资即使以战略投资者的角色介入国有银行的经营和管理，能在多大程度上发挥预期的改良作用？是否存在这种可能，即政府通过满足外资的获利需求，在股改的情况下仍旧保持政府对国有银行的控制权？这些制度逻辑上的疑问，也许只能通过现实的发展来解答。

四　拆分国有银行的制度设计

花旗银行和所罗门美邦联合发布的调查报告认为，中国必须将国有商业银行拆分成几个较小的单元，以便启动银行业的改革。报告称拆分国有商业银行是化解其潜在风险的有效途径之一，是鼓励竞争和推动改革的必由之路。他们认为，期望国有商业银行在各方面都变得具有竞争力显然是不切实际的，但一旦将国有商业银行拆分成几个较小的银行，整个形势就会改变。今后，如果一些新成立的小银行破产，其后果也不至于严重到破坏整个宏观经济的程度。此外，拆分国有商业银行还有助于吸引国际战略投资者及实现未来的公开上市（参见傅梓琨，2002）。

钟伟、巴曙松（2003）认为，国有银行应该考虑拆分上市。这意味着国有银行必须进行集团化改组，集团内部至少应该形成侧重于未来发展的好银行、侧重于作为银行内部剥离不良资产的坏银行（资产管理公司）以及侧重于混业发展的投资银行三大块，这样作为好银行的一块，才有可能通过拆分的方式争取上市并获得外部融资。

竞争机制在市场经济中是一种有效提高市场整体效率和效益的运行机制。但是，竞争机制作为市场的激励力量，其本身只是促使市场更加有效的必要条件，而非充分条件。如果简单地认为将四大国有银行拆分成小银行就能增强竞争、提高效益的话，那么为何在原来国企众多的很多行业，仍会出现行业整体效益低下的问题？所以，我们应该看到，竞争机制要真正发挥积极作用，还需要一系列的制度改变。如果没有相应的制度改变，即使拆分四大国有银行，之前使四大国有银行效率低下、效益不高的负面因素可能仍然存在，那么引进竞争机制也只能是空谈。所以，拆分四大国有银行并不一定带来制度设计者想要的良性竞争的结果，如果没有相应的内外制度条件的改变，拆分后的小国有银行可能仍是原有大国有银行的缩影，对效率和效益没有影响。而且，不可忽略的是，拆分四大国有银行在不能得到预期的效率的同时，还可能丧失原有的规模效益，这对中国的银行业改革并不是一个利好消息。

五　并购、重组地方商业银行的制度设计

地方商业银行包括城市商业银行及农村信用合作社。对地方性质的城市商业银行来说，成为全国性银行一直是其发展的目标。近年来，针对城市商业银行，不少官员与学者提出对城市商业银行进行 1995 年以来的"第二次革命"：按市场或自愿原则进行体制联合，部分经营业绩较好的城市商业银行甚至可以尝试逐步走向全国进行跨区域发展。他们认为，不论是为了应对加入 WTO 后的竞争、摆脱地方行政干预，还是为了调整发展战略、完善公司治理、增强创新能力、有效控制成本、化解金融风险、扩大规模和提高信誉，进行并购重组都是一种现实而有效的选择。

胡增勇（1999）认为，中小规模的银行，尤其是城市商业银行，由于在先天规模和资金上存在缺陷，在与外来银行及本土大银行的竞争中处于劣势。于是，为了弥补小规模银行的弱点，他主张对其进行并购重组，这样可以避免行业内过度竞争并且可以使并购重组后的银行保持适

度经营。

姚建、范忠远（2003）认同胡增勇对于城市商业银行所面临的竞争形势的分析，也认为城市商业银行为求生存和发展应该走并购重组的道路，并且给出了若干种可行的形式。

郑兰祥、李效英（2006）对城市商业银行并购重组的难点及应对措施进行了进一步的分析。他们认为，应该注意政府的地位以及政府与市场的利益矛盾，应按照"先易后难"的顺序，本着各方利益均衡的原则，以地方政府为主导、市场为引导的方针来对城市商业银行进行并购重组。

从本质上说，地方商业银行就是地方政府性银行。从某种意义上讲，地方商业银行就是地方政府参与创办一种银行，以实现银行组织多元化的一条途径。而这种对地方商业银行进行并购重组的制度选择，本质上是地方政府间以及地方政府与上级政府间的利益整合。针对这种组织架构选择的逻辑，刘世定教授在其关于农村合作基金会的研究中有过精彩论述。他认为，尽管这种地方政府性银行在推动地方经济发展中起到了一定的作用，甚至在一段时间中起到很大的作用，但是，地方政府控制和干预下的银行组织，由于嵌入在政府等级结构中所具有的关联博弈特征，由于存在多种与行政体制相联系的风险转嫁渠道，因此，其风险约束是相当软化的。撇开资金使用效率问题不谈，软风险约束下的决策将使这种银行面临高风险威胁。虽然有更上一级政府作为风险转嫁对象，但是只要这种上级政府掌握的资源不够多，其抗金融风险的能力就仍然很有限，因此，风险终难以化解（刘世定，2005）。

所以，从上述理论逻辑来看，在政府主导产权和经营的框架下，即使地方商业银行实现并购重组甚至跨区域联合发展，仍然可能不能避免这种软风险约束下的高风险及风险向上转化的可能，从而难以解决其效益低下的根本问题。

六　发展民营银行的制度设计

有一部分国内学者针对中国银行业现状，主张大力发展民营银行，并提出了若干发展思路。

徐滇庆及其长城金融研究所是主张积极发展国内民营银行的先锋。他们认为，虽然中国银行业现有的主体仍是国有银行，但在未来的银行业改革中应当相信民间金融具有极强的制度创新能力。发展民营银行是中国经济改革过程中的关键战役，风险虽大，但是却非改不可。引入民营银行这一富有活力的因素，在给储户和投资者提供更多的理财和投资机会的同时，势必能逐步消化吸收金融系统内的风险，促进竞争，缓解国有银行垄断局面所带来的资源配置效率低下等问题（徐滇庆，2004；2005）。

在民营银行的发展策略上，陈卓凡（2006）提出要在民营银行的准入上给予相对宽松的条件，这样才能使民营银行发挥优势。徐滇庆（2005）结合农村信用合作社改革阐述了另一种民营银行发展策略，即打破农村信用合作社的地域约束，把现有农村信用合作社改建成新型民营银行，并允许它们在城市地区设立分行。谢少杰（2006）认为，城市商业银行民营化是发展民营银行的有效途径：一方面可以解决城市商业银行的发展困境，另一方面给民营资本进入银行业提供了一条便捷可行的路径。

从这种银行业改革的思路来看，大力发展民营银行，其主要的着眼点在于金融制度创新，引进新的产权结构；改善竞争环境，给国有商业银行以竞争的压力；有利于银行业长期的健康发展，而非仅仅在于解决当前的问题。但是，我们知道，每一种产权制度的设计都会带来相应的激励效果。民营银行由于具有民间资本的背景，必然存在很强的利益驱动机制，甚至追逐暴利的心态。这样民营银行的发展就会存在很大的内部风险。

首先是经营风险。民营银行的资本金来自民间，对利润最大化有着更为强烈的追求。民营银行如果过分追求高风险、高收益的投资，一旦投资失败，绝大部分损失将由股东承担。如果由此导致银行破产倒闭，损失除业主承担外，大部分将转嫁给存款人。

其次是道德风险。一般来说，道德风险是指在契约签订之后，由于信息不对称，契约的一方通过采取对自己有利而又不至于被发现的行动，使契约的另一方蒙受损失的行为。民营银行的道德风险主要表现在以下两个方面：一是内部人控制的道德风险。由于银行经理人掌握着经营权，并处于信息优势地位，他们很可能为自身的利益而去追求高风险、高回报的投资，甚至直接为个人谋取利益。二是关联企业贷款的道德风险。中国的民营企业普遍存在融资瓶颈，这导致很多民营企业参股银行的动机是缓解自身的融资困难。民营银行最大的问题就是关联企业贷款。那些失败的民营银行的一个共同特点就是股东一开始就企图用银行来圈钱，把银行当成"提款机"。一旦关联企业贷款过量或出现异常，贷款无法偿还，民营银行就会面临巨大风险。

另外，从国内民营银行发展的外部环境来看，一方面，由于长期以来我国国有商业银行基于特殊的产权性质，牢牢地控制了绝大部分的市场份额，而且现有的金融政策也向国有商业银行倾斜，所以民营银行发展的空间狭小，发展压力很大；另一方面，由于特殊的行业性质，银行在某种意义上就是一种经营"信用"的企业。民营银行不像国有商业银行那样有国家信用做后盾，尤其是目前利率未市场化，不能形成市场定价的浮动利率制，民营银行能否有足够的信誉，获得足够的信任，也是影响其发展壮大的不确定因素。

七　政府和外部环境的改革

有些学者认为，中国系统性的金融风险本质上是体制和制度性风险，其核心表现是：政府干预没有随着经济发展阶段的变化而加强或弱化，长期实行的政府主导的集中型金融制度，包括政府在转轨中的主导地位决定了金融资源的配置缺乏市场定价和风险分散机制，从而导致金融系统运行的低效率，使系统性金融风险日益积聚。因此，银行改革的重点首先是转变政府职能。政府职能不转变、政府主导的资源配置模式不转变，公平竞争的市场规则不确立，银行的很多问题就无法解决。其他途径的改革也许能起一定的作用，但绝不可能是主导性的。只有在政府改革到位的情况下，银行改革才可能实质性地推进（刘煜辉，2006）。

标准普尔针对中国银行业改革的报告认为，政府在国有银行改革中充当了多重角色：既是银行改革政策的制定者，也是银行的所有者，同时还是银行的监管者，这使国有银行即使在实行股改的情况下仍很难摆脱政府的控制。银行作为国企和公共项目融资的便捷资金来源，政府始终有很强的效用偏好来维持其对于银行资金使用导向的支配权。所以报告认为，除非进一步明晰政府在银行业中所扮演的角色，否则国有银行改革很难取得理想的效果（参见廖强等，2006）。

李扬和刘煜辉（2005）从金融生态环境角度指出，中国金融和银行改革要考虑多方面的因素。他们认为，从金融生态学的视角来看，城市经济基础、企业诚信、地方金融发展、法治环境、诚信文化、社会中介的发展、社会保障制度、地方政府公共服务、金融部门独立性等作为金融生态环境的构成要素，对金融和银行改革都有着至关重要的影响。由此，对于金融和银行改革，他们给出了金融生态学角度的建议，即转换地方政府职能、完善金融发展的法律和制度环境以及推进社会诚信文化建设。

以上观点更多地着眼于银行业改革的外部效应。这些学者都认为，银行业改革不是单纯针对银行自身的变革，同时也要对银行的上层主体政府的职能以及外部的制度环境做出相应调整。

以新制度经济学理论视角来看，处在转轨时期的中国，政府出于维持其统治的效用需求，的确有很强的激励来控制作为资金流通中心的国有银行，以便向效率低下的国有企业和低回报公共事业注资。同时国家和国有银行也必然会承受由此带来的巨大不良资产。国有银行作为代理人有很强的激励采取风险偏好的策略，即收益归自己所有，而把损失（不良资产）转嫁给国家。而国家无法甄别这些损失中哪些是由国有银行低效这一客观因素造成的，哪些是由国有银行的机会主义行为造成的。

随着市场经济的发展，当非国有经济在经济总量中已占相当大的份额且对经济社会稳定、政权稳固的冲击较小时，由于非国有经济更富有效率和活力，更符合国家的经济增长，进而增加税收的效用函数，因此，在政权存续的效用得到满足的前提下，国家就有激励取消原有的向国有经济倾斜的政策，甚至转而对非国有经济予以政策倾斜。在这种情况下，国家通过引进外资和股份制改革，引进新的激励机制，希望可以借此改变国有银行低效率和低效益的现状。但国有控股作为其隐含的制度设计前提仍使政府保持了对国有银行的支配权，所以从实际的逻辑来看，存在明显的激励矛盾。

另外，从已有的经验研究来看，世界上最有效率的银行系统往往存在于市场体制和法律制度比较规范的国家和地区，而中国现有的制度环境还很不成熟，的确存在某种意义上的制度瓶颈。综合上面的论述，政府和制度环境作为银行业改革的外部因素，的确可能在很大程度上影响中国银行业改革的效果。

八　外国银行业改革经验的介绍

廖康和胡人斌（2006）介绍了与中国同为发展中大国的印度的银行业改革措施和利弊，认为印度前后两个阶段的银行业改革比同期的中国银行业改革更为彻底，银行主要经营指标稳健增长，同时较好地引导了外资的投资取向，但同时仍然存在竞争不足以及利率管制过度等不足。之后，他们指出了印度银行业改革中可以借鉴的经验，即放宽银行业准入限制、银行业务多元化和国有银行私有化。项卫星和王达（2005）系统地介绍了中东欧五国银行体系改革中引进外资的历程，对比了它们与中国在银行改革需求、改革背景和改革举措上的异同，指出基于中东欧五国银行体系改革的经验，中国的银行业改革应该注意以下四点：第一，国资需要退出对国有银行的绝对控制才可能使外资对银行体系产生化学作用；第二，外资只有以战略投资者的角色介入才会更好地发挥作用；第三，应该让外资首先以参股形式进入国内，而非更难控制的独资形式；第四，应该与 IMF、世界银行等国际金融组织保持密切联系，以寻求支持和提高信誉。

赵崇生（2005）对金融产权的国际改革经验进行了总结：第一，西方发达国家的银行系统中仍然存在相当比例的国有股权，并在经济运行中发挥着重要的作用；在不同国家和地区，相对于私有银行，国有银行的效率较高，这表明银行国有产权本质上并没有劣势，关键在于能否建立与之相适应的治理结构。第二，国有银行的存在大多与政府为实现特定的社会经济发展目标相联系，随着特定目标的实现和问题的解决，政府应该逐渐淡出有关领域。因此从动态发展的角度来看，国有股份占比逐步趋于下降，银行的股权结构趋向分散化和多元化。第三，大多数国家的金融体系重组和国有银行改革是在危机之后不得已而为之，造成财政负担过大和改革难度过大，因此要主动进行金融体系重组和相关改革，避重就轻、先易后难或拖延战略常常使改革滞后，而改革滞后又往往导致被动局面，到头来政府仍不得不承担巨大的重组成本，甚至产生灾难性后果。第四，国有银行产权改革是手段而不是目的，改革需要考虑到社会经济制度和环境的约束，仔细设计产权改革的制度安排，用市场方法培育产权改革后银行的经营机制和治理结构。第五，在不同国家，国有银行产权改革的具体方式是不同的，在市场经济完善和证券市场发达的国家，国有银行经过股份制改造并公开上市是主要选择，而在证券市场不发达的发展中国家，大多选择议价的谈判方式出售股权，因而降低了改革的透明度和定价准确性。第六，国有银行在股权多元化过程中对外资介入均持审慎态度。

另外，国务院发展研究中心金融研究所对上市银行信息披露的国内外文献进行了综述。他们认为，上市信息披露作为银行改革的重要环节，应该更多地借鉴国际经验。文章主要对国内和国外相关领域的文献进行了分类整理，并比较了两者在关注领域、研究层面、理论深度等方面的差异。同时，他们指出，银行信息披露在加强风险管理的同时可能在短期内引发存款流失和股价波动。银行信息披露的成本、收益和最优程度都具有不确定性。信息披露作用机制应该有相应的制约条件，监管部门应该提供明确、谨慎的指引（巴曙松等，2005）。

这种国际经验的介绍，同前面的各种思路相比，走的是不同的道路。前面的思路都有自身内部较为统一的逻辑框架，而经验介绍的文章更多的是对已有经验的总结，并试图对银行业改革提出政策性建议。把这种思路放进综述里，一方面，是因为从这个角度来参与银行业改革讨论的文章不在少数；另一方面，虽然经验介绍文章并未给出明确的改革思路，但从其介绍的事实和角度，我们仍可以得到其中暗含的理论启示。所以，作为银行业改革讨论补充性的一环，笔者仍对其加以总结和评述。

九　银行业改革制度设计的讨论与总结

著名的新制度经济学家罗纳德·科斯在 1991 年领取诺贝尔经济学奖奖金时曾说，"我所能做的事情就是指出，对于经济体系的运转来说，制度结构是至关重要的"。而他的学术梦想，"就是建立一种能使我们对制度结构的决定因素进行分析的理论"。（Weimer，2004：ii）从理论逻辑角度来讲，笔者正是沿着与科斯相同的道路在前行。

我们知道，从新制度主义经济学的角度来看，一种制度设计事实上是"一组持续和可预见的规则与激励制度，这些规则与激励制度影响着参与者的行为"（Weimer，2004：2）。事实上，在本文中，笔者通过对有关中国银行业改革的文献进行梳理和分析，就是试图去探索中国银行业改革在理论和现实角度，究竟有多少种可能的制度设计，而这些制度设计又会对制度参与者产生怎样的激励，在这种激励下会引发何种结果。

实际上，从现实情况来看，我们往往是带着目的性来选择某种制度设计的。于是，当我们讨论是否选择某种制度设计的时候，往往首先关心的是这种制度设计能达到什么结果，而这种结果是否与我们的预期相符。所以，选择的逻辑恰好与制度设计的逻辑相反，人们会遵循"结果—激励—制度结构"来反向选择。基于这种有目的性的选择逻辑，我们可以回顾一下上面关于中国银行业改革的各种制度设计，并且探讨制度制定者会出于何种目的选择特定的制度设计。

如果我们要的是低风险和社会安全，显而易见，我们会选择坚持国有和内部改造的制度设计，因为国家会为银行的经营风险和道德风险提供保证，从而最大限度地维持不变；如果想要提高银行经营效率和效益，那么从激励角度，发展民营银行和利用外资会是好的制度设计，因为它们都有很强的逐利激励；假如要打破现有银行业垄断的现状，引入竞争机制，那么拆分国有银行将成为首选的制度设计；如果我们倾向于通过政府的力量，借助银行系统来发展地方经济，那么并购重组地方商业银行就会成为首选的制度设计。

从上面的总结可以看出，当面临多种制度选择的时候，我们必须认识到制度本身的一个不可忽视的特点，即一种特定的制度往往只能得到一种激励结果。所以，在制度选择中，鱼与熊掌是不可兼得的。如果我们把中国银行业的国有独资和全面私有化看成制度安排的两个极端，那么在这两个极端间我们可能会有很多种制度设计。所以，在笔者看来，中国银行业改革最重要的并非仅仅给出若干制度设计，而在于在多种制度设计中选择最适合现实发展需要的。

现在，中国的银行业改革仍处于进行时，所以，上述所有的制度设计仍有在实践中推行的可能。而且未来的实践结果，会给我们提供最佳的实证。面对快速发展的中国银行业，笔者希望未来能在这个领域有更深入的研究。

参考文献

阿比吉特·班纳吉、肖恩·科尔、埃斯特·迪弗洛，2004，《印度的银行融资》，载吴敬琏主编《比较》第 14 辑，中信出版社。

巴曙松，2006a，《2005 年中国金融改革评估报告》，《金融管理与研究：杭州金融研修学院学报》第 1 期。

巴曙松，2006b，《中国金融改革直面最复杂形势——2005 年中国金融改革回眸与展望》，《新财经》第 1 期。

巴曙松，2006c，《超越银行"贱卖"争论》，《商务周刊》Z1 期。

巴曙松、牛播坤、华中炜、王滨，2005，《上市银行信息披露：国内外文献综述》，《经济学研究》第 3 卷第 6 期。

巴泽尔，1997，《产权的经济分析》，费方域、段毅才译，上海三联书店、上海人民出版社。

陈华、尹苑生，2006，《国有银行改革：传统观点和一个全新视角——基于金融脆弱性理论的实证分析》，《经济体制改革》第 1 期。

陈培，2005，《金融全球化过程中的中国银行业改革》，《理论建设》第 6 期。

陈婷，2006，《民营银行的市场准入与组建》，《求索》第 2 期。

陈卓凡，2006，《民营银行的优势分析及其发展路径探索》，《海南金融》第 3 期。

戴小平、付一书，2006，《应客观评判境外战略投资者入股我国商业银行》，《浙江金融》第 2 期。

David L. Weimer 主编，2004，《制度设计》，费方域、朱宝钦译，上海财经大学出版社。

道格拉斯·C. 诺斯、张五常等，2003，《制度变革的经验研究》，罗仲伟译，经济科学出版社。

傅梓琨，2002，《中国银行业改革的必由之路：拆分国有商业银行》，http://finance.sina.com.cn/b/20020924/1422259167.html。

耿同劲，2006，《国家控制银行：从银行退出的逻辑起点——中国银行业改革的政治经济学分析》，《西安财经学院学报》第 1 期。

胡增勇，1999，《并购重组：中小商业银行永续发展的一种可选方案》，《新金融》第 2 期。

黄汉波、王海，2004，《国有商业银行改革的产权无关论》，《现代管理科学》第 8 期。

霍华德·戴维斯，2005，《中国的金融改革》，载吴敬琏主编《比较》第 17 辑，中信出版社。

姜纬，2005，《公司金融泛谈》，载吴敬琏主编《比较》第 20 辑，中信出版社。

杰克·J. 弗罗门，2003，《经济演化——探究新制度经济学的理论基础》，李振明、刘社建、齐柳明译，经济科学出版社。

郎咸平，2003，《银行改革：产权无关论》，《新财富》第 1 期。

李芳，2006，《论扁平化与国有商业银行组织结构改革》，《湖南财经高等专科学校学报》第 1 期。

李健，2006，《民营银行的定位及其与民营经济的依存关系》，《武汉职业技术学院学报》第 1 期。

李晶，2005，《中外商业银行竞争力比较及对我国的启示》，《渤海大学学报》（哲学社会科学版）第 1 期。

李扬、刘煜辉，2005，《中国城市的金融生态研究》，载吴敬琏主编《比较》第 21 辑，中信出版社。

廖康、胡人斌，2006，《印度银行业改革的借鉴意义》，《浙江金融》第 1 期。

廖强、曾怡景、周彬，2006，《政府推动下的银行业改革》，《中国企业家》第 5 期。

刘菊芹，2006，《国有商业银行股份制改革的关键问题及对策》，《江苏商论》第 1 期。

刘世定，2003，《占有、认知与人际关系——对中国乡村制度变迁的经济社会学分析》，华夏出版社。

刘世定，2005，《低层政府干预下的软风险约束与"农村合作基金会"》，《社会学研究》第 5 期。

刘艳、朱泾涛，2005，《俄罗斯金融体制改革论析》，《西伯利亚研究》第 6 期。

刘煜辉，2006，《银行改革的重点是政府》，《金融》第 1 期。

楼继伟，2005，《中国金融市场改革与金融深化》，载吴敬琏主编《比较》第 19 辑，中信出版社。

罗伯特·默顿、兹维·博迪，2005，《金融体系的设计》，载吴敬琏主编《比较》第 17 辑，中信出版社。

梅森，2004，《将农信社改革为民营银行——徐滇庆谈农信社改革新思路》，《经济》第 9 期。

穆迪投资服务公司全球信贷研究部，2004，《展望中国银行业：改革继续进行，问题有待解决》，载吴敬琏主编《比较》第 13 辑，中信出版社。

青木昌彦，2004，《比较制度分析》，周黎安译，上海远东出版社。

芮冰，2006，《外资银行进入中国金融市场的对策思考》，《江苏商论》第 1 期。

斯科特·E. 马斯滕主编，2005，《契约和组织案例研究》，陈海威、李强译，中国人民大学出版社。

苏世松，2005，《国有商业银行上市：从政府所有到公众公司》，《西部论丛》第 12 期。

孙少岩、关丽洁，2006，《论我国的金融风险与银行股份制改造》，《吉林大学社会科学学报》第 1 期。

孙玉霞，2006，《国有银行海外上市：是开始而不是结局》，《国际融资》第 3 期。

王春月，2006，《国有商业银行股份制改革任重而道远》，《经济论坛》第 1 期。

王小宁，2005，《国有银行改革：如何实现文化整合》，《西部论丛》第 12 期。

王一江、田国强，2004，《中国银行业：改革两难与外资作用》，载吴敬琏主编《比较》第 10 辑，中信出版社。

王征，2005，《国有商业银行产权改革的制度经济学分析》，《生产力研究》第 3 期。

王智，2006，《国有商业银行改革之路不能动摇》，《金融博览》第 1 期。

项卫星、王达，2005，《中东欧五国银行体系改革过程中的外资参与问题研究》，《国际金融研究》第 12 期。

谢平、陆磊，2003，《中国金融腐败研究：从定性到定量》，载吴敬琏主编《比较》第 8 辑，中信出版社。

谢少杰，2006，《民营银行发展的重要之源：城市商业银行民营化》，《经济与管理》第 2 期。

徐滇庆，2004，《推出民营银行刻不容缓》，《中国民营科技与经济》第 9 期。

徐滇庆，2005，《通过民营银行试点推动金融制度创新》，《武汉金融》第 9 期。

杨宏宇、林剑云，2005，《巴西银行业评析及对我国银行业的启示》，《世界经济情况》第 2 期。

杨会晏、李文昌，2006，《美国的商业银行管制给我们的启示》，《东北亚论坛》第 1 期。

姚建、范忠远，2003，《也谈联合、重组、购并——新形势下城市商业银行的发展道路》，《科学学与科学技术管理》第 2 期。

约翰·N. 德勒巴克、约翰·V. C. 奈编，2003，《新制度经济学前沿》，张宇燕等译，经济科学出版社。

张维迎，2005，《产权、激励与公司治理》，经济科学出版社。

张新存，2006，《国有商业银行改革亟需破解四大难题》，《经营与管理》第 2 期。

张新堂，2006，《浅谈我国国有商业银行股份制改革的关键举措》，《河南金融管理干部学院学报》第 2 期。

赵崇生，2005，《国有金融产权改革的国际经验》，《国际借鉴》第 95 期。

赵萍，2006，《争辩 "国有银行贱卖论"》，《中国外资》第 3 期。

郑兰祥、李效英，2006，《关于加强城市商业银行战略重组的探讨》，《特区经济》第 2 期。

郑良芳，2006，《对四大国有商业银行年度报告的评析》，《武汉金融》第 1 期。

钟伟、巴曙松，2003，《无法回避的中国银行业改革》，《南方周末》1 月 9 日。

周小川，2004，《金融市场中的分工和责任推诿现象》，载吴敬琏主编《比较》第 13 辑，中信出版社。

周小川，2005，《完善法律制度，改善金融生态》，载吴敬琏主编《比较》第 16 辑，中信出版社。

金融政策的危机应对与风险传导机制：中国企业生态的金融社会学考察[*]

王水雄[**]

金融政策一般包括财政政策和货币政策。在某些情况下，金融政策是必要的，也是能够做到切实有效的。但是，鉴于特定的金融政策有其对应的技术、社会结构和资源分布条件，金融政策本身对一个国家及其社会来说存在适配性问题。就评判这种适配性而言，企业生态是否被破坏、是否易于恢复，至关重要。分析当前中国企业生态中不同类型企业身处危机时对金融政策的不同诉求，以及面对同一金融政策时的不同反应，可以在增进读者对中国企业生态重要性理解的同时，根据企业生态与官商文化的动态关系，在更具体的层次上把握金融政策的优化问题。

一　有效金融政策及其作用条件

在一国人口出现增减变化，或发生特定的自然灾害或社会事件时，从一个民族国家或社会良性运行的角度看，物质诉求会发生改变，或产生新的物质诉求，并形成新的货币数量增减和分配需求。所谓"有效金

---

* 本文得到中国人民大学 2020 年度"中央高校建设世界一流大学（学科）和特色发展引导专项资金"支持，为教育部文科重点研究基地重大项目（19JJD840003）的阶段性成果。
** 王水雄，中国人民大学社会学理论与方法研究中心教授。

融政策"是：一个国家在货币总量上适应上述需求的同时，能让有信用能力的行为主体（自然人或企业等）恰当地证明其能力，并引导和促使他们通过较为公平的竞争，以某种产品或服务的生产或提供，来获得特定总量下相对较多的信用份额。最终，让整个社会在一定的环境条件下，或者扩大总供给与总需求，达到某种相对于以往更为富足的状态；或者抑制对于某些产业的投机狂热，及对于"便宜"货币的争抢，进行结构调整和供需协调，适应包括自然资源在内的刚性约束。

金融政策涉及政策的制定、贯彻、操作、实施与调整，是系统工程。它能够有效地发挥作用，是有其特定条件的，主要包括技术条件、社会结构条件、资源分布条件。

（一）有效金融政策的技术条件

技术会通过影响货币的材质来对金融政策产生作用，也就是说，受技术决定的货币材质会影响金融政策特别是货币政策的有效性。信用货币特别是电子化的信用货币，能够极大地便利金融政策的操作。而金属货币，特别是强调足额金属成分的金、银、铜等货币，则往往由于金属矿开采和金属原料供应的难题以及社会风俗比如陪葬导致的消耗，相应地使得金融政策的灵活运用和"有效"作用大受影响，不仅难以适应人口比较突然的增减变化，而且极大地压缩了人口增长和流动的空间。

以货币的政府发放为例，电子货币的发放技术已经大大提高，只要行为主体的身份及相关信息能够确认，决策者意图明确，就无须经过多的社会环节而将电子货币发放到相应的行为主体手中，而远不像金属货币那样，必须依赖特定的社会系统，有时甚至是层级化的系统来发放。资金历经"层级化的系统之手"，即使不出现层层截留的现象，也可能使其作用传导在时间序列和空间范围上受到不利影响。由于资金的发放和转移比较便捷，使用电子化的信用货币，会让金融政策在短时间内产生巨大的影响，及时响应结构性因素导致的某些人群信用不足的紧急情况。

（二）有效金融政策的社会结构条件

运用金融政策，特别是货币政策，要想达到凯恩斯理论（凯恩斯，

2007）想达到的扩大总就业量的效果，一个非常重要的前提就是满足凯恩斯理论或明或暗所预设的社会结构条件。其中之一是，整个社会特别是其中的上层有较强烈的边际消费倾向，因为只有这样才能使每投入一单位货币都能发挥较大的乘数效应。但一个社会中不同社会阶层的边际消费倾向是不同的，越是社会上层，边际消费倾向可能越弱。这样一来，如果新投入的货币出现"先由社会顶层过手，层层截留的现象"（这在讲究权力集中的社会系统中很常见），那么，社会顶层的边际消费倾向就大体上决定了新投入货币的乘数效应，其值往往很小。

另外一个重要的社会结构条件是，整个社会各阶层手中持有的资金要具有合法性，且持有资金的各阶层成员有作为资金持有者应当享有的各项权利。如果存在某种约束，导致整个社会中有相当部分资金不具合法性，或者处于灰色地带，需要通过某种特殊的"漂白"程序才能运用，或者在一些领域、一些社会阶层成员中，相当部分资金权利受到极大限制，那么这类约束或限制的存在就会显著地影响金融政策充实"有效需求"的效能。

（三）有效金融政策的资源分布条件

凯恩斯主义式的国家金融政策的有效性，是以资金在社会成员中的分布相对平均为条件的。但事实上，资金分布会随着经济的景气程度而明显变化。经济越景气，个体持有资金的规模总量越大，被杠杆化放大的可能性就越大，进而，不同个体在资金权利、谈判地位乃至社会权力上的差异也越大。在资金分布差异巨大的情况下，一旦经济崩溃或萧条来临，社会顶层的资金在数量和权利上的优势，通过一个大泡沫的破灭而蒸发掉了，资金量和资金权利在行为主体身上的分布差异恢复到了相对平均的水平，这给"后续"国家金融政策干预提供了有效的基础。如果不经历适度的"崩溃或萧条"，金融政策的积极效应会越来越小，而消极效应会越来越大。

资源分布条件涉及人口问题。预期人口会持续增长，在没有新技术突破的常规循环经济情况下，适度宽松的货币政策是有益的，因为新增人口的信用需要新增信用货币来表征。当然，这些货币越是能通过比较便捷的、能够激发适度竞争的途径到他们的手中，金融政策就越有效。如何恰当地让新增人口获得与之相应的信用支持，比如说生育补贴，是国家需要站在金融政策的高度加以考虑的决策事项。

金融知识和信息在社会个体中被掌握的相对平均状态是另一个资源分布要求。金融知识和信息掌握的不平等，可能会导致"亲近"金融领域的机构和个人对其他行为主体权益的侵犯、剥夺乃至掠夺。这带来的不仅仅是金融政策干预的无效，更为严重的，甚至是金融政策干预的危机。

二 金融政策风险及其传导机制

在一些特定的条件得不到满足时，金融政策本身会因为其信号功能作用于经济和社会个体（包括个人及企业）上的时空差异，以及扭曲效应，而容易滋生新的风险。金融政策特别是新金融政策的出台与执行是需要时间的，对金融政策感知能力和掌控权力的差异，会造成经济行为主体特别是企业把握时机水平的分化，进而导致结构性的不平等乃至恶化企业生态，进而恶化经济秩序。

（一）金融政策风险及其理论解释

已有一些理论认为，金融政策往往会额外地累积风险，并最后在特定背景下成为引发经济危机的一个重要根源。奥地利学派的经济学家认为，金融政策特别是货币政策，包含不少非理性的成分，会造成通货膨胀，而这会影响"相对价格机制"的作用，故而不能指望靠它来稳定经济生活（埃贝林，2019）。哈耶克曾尖锐批评通过改变货币供给来保持价格水平稳定的政策。他认为，任何跨越时间段将某个商品或某组商品"稳定"在某一"价格水平"上的尝试，意味着无视随着时间的流逝可能会出现的不同市场条件，这将使市场做出"不稳定"的骚动反应（Hayek，1931）。

奥地利学派的经济学理论有一定的启发性。不过，现实是复杂的，在经济社会学特别是金融社会学看来，哪怕没有政府的干预，市场也未必如奥地利学派经济学家所想的那样"纯粹"和"理性"，因为一些社会因素、人的局限性等，自始至终会对市场机制产生影响，甚至使之系统性地偏离理性后果。经济运行中的"恶果"也容易被不如意的人们乃至整个社会"自然而然""直观地"归因于市场以及金融资本。于是，暴露在市场作用下的弱势群体乃至整个社会不可避免地要"设法"保护自己。而这又容易破坏工业生活，让社会组织步入死胡同，进而形成大灾难，正如著名的经济社会学家波兰尼（Polanyi，2001）所分析的那样。

而站在马克思主义经济社会学的立场，则更有理由认为，金融政策风险的根源还在于社会结构层面。金融政策的运用，会加重社会结构的失衡。社会结构过度失衡和不平等可能又会反过来导致危机的全面爆发，或至少是让风险螺旋式上升，变得更为严重。

（二）金融政策执行与转变过程中的风险

金融政策的执行往往需要经历一段时间，因而必然会有一部分经济行为主体特别是企业更早地受到其影响。公权力的腐败、内幕交易等，会让结构性风险更趋严重。埃贝林（2019）曾经提出一个"货币供给增加"的金融政策在执行中的问题："那些在通货膨胀过程早期得到货币供给增加的人有能力在价格对经济的影响发挥作用前购买更多的商品和服务。另外，那些在序列过程中更晚些时候受到货币扩张影响的人，则不得不为他们购买的很多商品支付更高的价格，同时他们自己的商品价格和工资要么根本没有上涨，要么涨幅不如价格上涨那么大，这就不可避免地造就了货币供给改变之后的序列时间过程中的净收益者（net gainers）和净亏损者（net losers）。"刘世定（2017）有类似的观点，他还特别强调了相对地位差异对人们效用的影响。他指出，"在这个过程中，即使社会成员在绝对收益方面都同时受益，也还可能存在相对地位的不同变化，而相对地位也影响着人们的效用或满意程度"（刘世定，2017：64）。比较"佛系"的自然人可能对"相对地位"不太敏感；但如果"社会成员"是企业，情况就会大不相同：企业因为容易在商业利润上存在单维度竞争，所以"相对地位"的差异，有时会意味着"赢家通吃"，甚至是"你死我活"。

如果金融政策由于某种外在的、在决策者看来是"紧急而重要"的因素而突然发生转变，上面所述的、对相关信息了解和掌握的序列先后，对财富分配所造成的影响势必会更大一些。而非法资金和合法资金在经济结构层面造成的影响的差别势必也越来越大。比如，在货币政策由宽松转紧缩时，非法资金往往能脱出监管的范围，可能通过"放高利贷"等形式开展经营，而且会因市场中企业或个人的资金饥渴而获利颇丰。此时，合法资金，或者说市场中那些可被货币政策监管到的资金，则可能面临回笼压力，因为监管导致"流动性受阻"意义上的"货币栓塞"，进而使企业陷入困窘，甚至濒临破产、面临债务危机。此外，这种政策转变，容易导致资金相对短缺企业的债务压力增加，维持困难；而资金相对宽裕的企业资金增值空间更大，这样"相对地位差异"会更大。而在货币政策由紧缩转为宽松时，非法资金可能因先知先觉，而更易于获得"主导合法企业"的巨大良机。非法资金与合法资金的划分仅仅是一种资金类型划分而已，一个社会中重要的"资金融通和使用主体"往往还有大型企业与中小企业、国有企业与私营企业等类型划分，这些主体都可能会因金融政策转变而发生结构性分化。

就一个国家而言，经济危机的酿成之源有内外之分，如果是来自外部的危机，以金融政策转变来应对，则势必意味着在应对外部危机的同时，也在加固（而不是去除）内部危机的结构性根源，比如说企业生态层次上的根源。

（三）风险传导及其社会性

金融政策的决策者显然能注意到上文所述的问题特别是结构性问题，会注意使用财政政策乃至行政手段等抑制金融政策的负面效应。不过这些政策或手段的使用，还是会面对"风险转嫁"及"风险传导"问题，进而容易酿成整体性的危机。

刘世定（2017）曾经就经济危机传导的社会机制做过专门探讨，强调了"自我实现预言"、群体规模信号（如临界数量、门槛值等概念）和重要主体信号、政府政策的非预期后果等可能有助于酿成整体性危机的机制。他指出："事实上，政府的政策，撇开判断失误的政策（如经济已经不景气，但政府仍判断为过热，从而采取紧缩政策）不谈，哪怕是试图刺激经济回升的政策，有时也会成为危机传导渠道。……例如，政府的下调利率政策，本是试图通过扩大贷款规模并借助乘数效应刺激经济回升的，但它同时也发射了一个经济处在衰退中的信号。……如果衰退预期带来的消费、投资需求缩减大于利率下调带来的扩张，那么，至少在短期内，这种刺激经济回升的政策加剧了经济衰退效应。"（刘世定，2017：61～62）

　　除了某种政策信号通过一定的社会机制容易让潜在风险和集体倾向演变成"真正的"经济危机之外，经济危机及其金融政策的转变性应对，也容易通过一定的机制沉淀进而演变成社会危机。首先，如果为了应对风险，特别是来自外部的风险，政府增加的资金投放量被层层截留的现象可能会导致资金分布的不平等程度上升。其次，应对外来风险的金融政策转变，特别是剧烈转变，加上运动式的、强化刚性的政策执行，会提高政府机构直接通过行政手段参与经济活动的正当性，由此，容易衍生出一系列与民争利的行为，放大普通社会成员的生存焦虑感。最后，社会结构条件和资源分布条件中的不利因素，以及政策的朝令夕改，会让一些企业和普通民众产生负面的反应，不信任的程度不断上升，某些不利于政府的"故事"乃至谣言会流传开来，并容易发酵成影响社会稳定的群体性情绪。

　　总之，风险传导带有很强的社会性。一方面，它通过作用于企业或者社会中的个人联系网络，对企业生态和社会结构产生系统性影响；另一方面，它会导致个体的被剥夺感，进而形成群体性情绪，破坏社会预期的稳定性，进而容易酿成整体性危机。

三　中国企业的生态：以融资与还款为核心关注

　　对中国现实的分析，有助于我们将探讨落到实处。在我国，有效金融政策及其作用的技术条件在当前是可以得到满足的。但社会结构条件和资源分布条件则比较复杂。就国家统计局发布的《2003～2016年全国居民人均可支配收入基尼系数》来看，2004～2008年，全国居民人均可支配收入基尼系数一路攀升，从 0.473 提高到 0.491，之后开始逐步下降，2017 年为 0.467（国家统计局，2017），2018 年经测算为 0.474。这些数值都属于表明一个国家"收入差距较大"的范畴。银行信息年报能在一定程度上反映资金分布状况，《招商银行 2018 年度报告（A 股）》显示，招商银行的 12541.44 万零售客户（含借记卡和信用卡客户）中，月日均总资产在 50 万元及以上的零售客户数量为 236.26 万户，占零售客户总数的 1.88%。同时，50 万元及以上零售客户的总资产余额（55082.35 亿元）占零售客户总资产余额（68021.05 亿元）的 80.98%，相当于不到 2% 的零售客户拥有 80% 以上的信用资产（招商银行，2019）。有学者曾经指出，灰色收入拉大了居民收入差距（王小鲁，2007），这从党的十八大以来的反腐成绩中可见一斑。2015 年 7 月 30 日，中国新闻网以《十八大以来反腐账本：收缴 201 亿挽回 387 亿》[1] 为题进行报道。一些个案虽然显得极端，但仍然可以为资金分布"差距较大"的现实提供印证。比如，国家能源局煤炭司原副司长魏鹏远，被曝出一套房子里藏有 2 亿多元、重达 1.5 吨的现金。[2]

　　接下来，我们聚焦于中国的企业而不是个人层面，围绕企业生态，沿着上文的理论思路，展开金融社会学的相关考察。本文所谓"企业生态"包括：（1）企业种群的结构形态，具体涉及的是大、中、小、微企业，不同行业企业，以及不同所有制企业的数量和比例等；（2）企业之间的关系状态与互动模式，如不同所有制企业、不同行业或不同规模的企业是否有着不同的谈判地位，"大鱼吃小鱼""赢家通吃"是不是普遍性的生存法则，等等；（3）企业种群的资源输入和输出表现，如资金、产品、合法性资源的输入和输出等。形形色色的企业，基于它们的原材料采购、融资、生产、销售、资金支出与回收，会形成特定的供应链、互动模式、关系网络，它们又与金融环境、官商文化等交织在一起。企业生态是金融政策发挥作用的重要载体与场域，影响金融政策（至少是

---

① 《十八大以来反腐账本：收缴 201 亿挽回 387 亿》，https://china.huanqiu.com/article/9CaKrnJNXas，最后访问日期：2022 年 5 月 7 日。
② 《打虎拍蝇——十八大以来的反腐成绩单》，https://c.m.163.com/news/a/D11RA140000187QP.html，最后访问日期：2022 年 5 月 7 日。

就企业层面而言）的有效性及其执行与转变作用的发挥；同时，金融政策也会反过来进一步影响企业生态。

（一）危机应对背景下的企业融资与还款

最为典型的金融政策的"执行与转变"可以在 2008 年中国政府的行为中看到。2008 年 3 月，中央根据对国内外宏观经济形势的分析，将工作重点确定为"防止经济增长由偏快转为过热、防止价格由结构性上涨演变为明显通胀"；在继续实施"稳健"的财政政策的同时，将货币政策由已实施 10 年的"稳健"调整为"从紧"。但由于 2008 年年中美国次贷危机影响的扩散，2008 年 7 月中共中央政治局会议迅速做出反应，把"保持经济平稳较快发展、控制物价过快上涨"作为下半年宏观调控的首要任务。之后，随着美国次贷危机发展为国际金融危机，2008 年 10 月，中央决定再次对宏观经济政策进行调整，宏观调控的着力点转为"防止经济增速过快下滑"，财政政策从"稳健"转为"积极"，货币政策从"从紧"转为"适度宽松"。2008 年 10 月后，中国政府应对危机的"组合拳"频频推出，其中力度最大、最为国内外关注的是"四万亿经济刺激计划"。

2009 年笔者参与组织和实施了工信部中小企业司年度中国中小企业融资与担保状况调研项目（王水雄，2014）。在调查准备和实施过程中，正赶上雷曼兄弟公司倒闭，国际金融危机对我国实体经济造成的冲击越来越大，中国政府不得不随之调整宏观政策。面对这一现实，调研的一个重要议题便是：不同类型中小企业在当时形势下融资（担保）的不同结构、所遇到的不同问题，以及对相关应对措施的不同诉求。结果和启示主要如下。

总体来说，相对于微型企业①，当时的规上中小企业和大型企业的"融资满足资金需求度"要更高一些，其融资条件明显好于微型企业。大型企业的融资对象几乎完全为工农中建等国有银行、股份制银行、城市

---

① 微型企业指 2007 年全年营业额在 500 万元以下的企业，规上中小企业营业额为 500 万 ~ 3 亿元（不含），大型企业营业额在 3 亿元及以上。

商业银行（含信用社）这三类正规金融机构。而规上中小企业特别是微型企业对其他资金来源的选择占比也不小。有 9% 的规上中小企业的选择指向亲戚朋友；微型企业的这一比例为 15.7%，超过了对城市商业银行（含信用社）的选择比例。微型企业还有 9.4% 的融资选择为"向上游企业申请延期付款"，6.8% 的融资选择为"催缴下游企业的应收账款"；在规上中小企业中，以上两个数值分别为 6.6% 和 7.2%；大型企业则分别为 3.1% 和 1.0%。无论何种规模的企业，大都以银行作为自己的第一还款对象，其比例达到了 71.1%。以上游企业作为第一还款对象的规上中小企业占到了 13.9%，所占比例居于第二位；其中，以上游企业作为自己的第一还款对象的微型企业占比为 16.8%，间接表明它们对此类融资方式的依赖程度较高。

总之，规上中小企业融资与还款的基本状况表明，微型企业对正式融资渠道的需求巨大，但难获满足，不得不谋求其他渠道。事实上，这一结果在 2016 年的私营企业调查中也得到了印证（陈光金、吕鹏，2019）。这些都在一定程度上体现了中小企业在中国企业生态中所处的弱势地位。

（二）企业融资与还款状况的历史成因与当前发展趋势

前述中国企业融资与还款及上下游企业生态的形成，与中国改革开放的历程密切相关。中国的改革开放通过责任制等放松管制的方式，弱化了党和政府对民众经济领域中的"组织权"的限制。这使得对党和政府来说相对次要的经济领域会被先行市场化，而能源、化工、金融、电信等被赋予"国家战略性"重要地位的经济领域的市场化相对滞后。此外，民营企业等经济主体作为改革开放经济增量的部分，其单个企业在规模上通常较小，纵向和横向上的"组织权"仍受到较多限制。当这样的民营企业面对具有强大组织力的国有企业时，在商务谈判上势必处于相对弱势的地位。

杨开忠等（2003）曾问：为什么改革开放期间中国"国有企业在相当一段时间内保持一定的增长，甚至带来生产力的改进"？回答为：在"放松管制"下，体制外的经济增量更多地集结于下游最终产品生产部门，它们与上游重化工业部门（通常是体制内部门）之间存在着广泛的产业乃至人员联系；在下游最终产品生产部门发展迅速的情况下，对上游产业中间产品的市场需求也会相应增加，从而使国有重化工业部门的规模经济和技术优势得以发挥。根据这一说法，似乎可以认为，通过改革开放而逐步确立的中国企业生态是当时国有企业得以解困的重要原因。

在新时代，值得注意的是，随着我国市场经济和互联网的发展，随着大型超市、卖场、电子商务平台等零售单位或部门的整合发展，越来越多的下游最终产品生产部门被"中游化"或"中间化"了。也就是说，大量的下游最终产品生产部门不仅要面对上游重化工业部门，还需要面对下游集团化或平台化的销售部门。这意味着在企业生态上，特别是在资金链上，微型企业乃至规上中小企业的谈判地位越来越低。这样一来，如果一个规上中小企业或微型企业的上下游企业都是大型企业，则在经济危机来临之时，相当于在夹缝中生存，其资金运转就更容易变得困难重重。

尽管各地情况有所不同，电子商务等平台的推陈出新也能给创业带来新空间，但我国规上中小企业特别是微型企业的生存和发展仍然极大地依赖大型企业无疑还是事实。如今，在贸易摩擦和疫情之类因素的冲击下，我国规上中小企业和微型企业（多是民营性质）的生存环境变得异常严峻，资金压力也骤然加大。

（三）官商文化及其对企业生态的影响

从我国企业融资与还款的历史、现状与未来的分析中可以看到官商文化对我国企业生态的显著影响。官商文化有广义和狭义之分。广义而言，官商文化（the culture of government and business）是有关政商关系的文化，泛指对于政治领域与经济领域（或更具体地，官场与商业）之间的关系，以及相关的历史、制度、集体意识、行为模式以及器物遗迹等，一个社会是怎样看待的。狭义而言，官商文化（the big business culture）特指某种经济屈从于政治的文化，或官方掌控商业领域的文化。官商文化根据官方对商业领域的掌控力度不同而有松紧程度不同的两极：（1）完全的官方掌控进而导致计划体制，即政府主宰；（2）比较放松的管制或只为经济领域提供基础服务，由此形成某种相对自由的市场体制，即市场主宰。

经由四十多年的改革开放，我国狭义上的官商文化基调已由有一定自由度和竞争性的、有中国特色的社会主义市场经济决定。通过"抓大放小"，对重要的能源、化工、金融、电信等部门予以直接掌控，企业负责人主要由各级党委和政府任命，并在政企职务晋升通道之间形成一定程度的互联互通；同时，引入市场竞争机制，以达到既有官方掌控，又不至于迷失于市场的目的。

由于官商文化能够在合法性及"组织权"层面给企业生态提供资源，企业种群的结构形态、企业之间的关系状态与互动模式、企业种群的资源输入和输出等，势必都会受其影响；相应地，不同企业面对的金融政策也会因官商文化的调整而有所变化。这意味着，金融政策及其转变本身会受到特定的官商文化的影响，然后作用于企业生态。比如，货币政策从"稳健"调为"从紧"，或从"从紧"调为"适度宽松"，本身可能是因应国有大型企业资金诉求的结果，其对这类企业资金满足程度的影响通常也是最大、最为直接的。而对于外资企业，特别是有自身独特融资与还款渠道的外资企业，这类金融政策的调整，可能只有发送特定信号的功能：让它们了解到国有大型企业可能面临困境，并有针对性地采取特定策略，进而对民营中小企业、微型企业有所不利。

总之，从企业生态所形成的市场规律和企业的行为反应来看，在官方对商业领域的掌控收紧时，我国金融政策及其转变，更容易对民营中小企业和微型企业的发展产生不利影响，甚至会破坏中国企业生态的多样性，危及企业生态的循环。

四　企业生态循环：风险传导与危机应对机制

我国当前企业生态的多样性是改革开放40多年来逐步发展的结果。沿着融资和还款的脉络，"官商文化—金融政策—企业生态"构成了相互影响的三角关系。下文尝试从横向和纵向循环的角度来把握这一关系，以理解中国经济强大韧性的由来。

（一）横向分割：中国企业生态循环多样性如何抵御金融政策的风险传导

总体而言，在我国金融政策有三条主要的风险传导路径：其一，从大型企业向规上中小企业和微型企业转嫁与传导，导致微型企业、规上中小企业最先停产或倒闭。其二，从沿海的出口导向型企业向内陆企业推进与传导，使内陆企业首先付出沉重的代价。其三，从预期向现实转化与传导，金融政策所传达的信号，印证、聚焦和强化了市场中弥漫的衰退预期，引发恐慌。

这意味着阻断风险传导非常重要。为了增强市场信心，有时候市场中传送的信号就需要具有多样性。中国企业生态的种群和类型的多样性，有助于切实阻断金融政策的某些风险传导，促进市场中信号的多元化。比如，外商投资的企业以及我国港澳台商投资的企业，往往有来自中国大陆之外的金融系统资金的支撑，在资金运转节奏上可能会消除我国金融政策的不利影响，甚至可能形成"你退我进，你进我退"的互补，这相当于在一个经济体中增加了"第二条"生产曲线，从而有助于增强我国经济的平稳性。此外，企业类型和规模的多样性，意味着不同的经营主体有不同的成本核算方式和亏损承受能力，这样的企业生态能形成极强的抗打击能力。

中国企业生态循环横向分割的一个经验证据是，笔者前几年在调研苏南的台资企业时发现：台资企业与大陆企业（特别是内陆企业）在经济上往来甚少，其中一个原因是台资企业嫌产品和服务卖给大陆企业后，大陆企业结款速度太慢。显然，容许这样的企业在大陆经济产出中占据相当比例，有助于通过企业生态循环的横向分割，阻断金融政策的风险传导。

（二）纵向调整：中国企业生态循环自律性如何实现金融政策的危机应对

危机应对的金融政策转变过程，可能也恰恰是企业生态风险累积的过程。从总量上看，危机可能被有效地应对过去了；但是从结构出发，会发现更为严峻的风险正在累积之中。刘世定（2007）强调过这一"总量－结构"问题。波兰尼（Polanyi，2001）曾经指出："（货币）购买力由市场主宰会周期性地清算和扼杀商业企业，因为货币的短缺和过剩对商业而言将被证明是灾难性的，就像干旱和洪水对于原始社会一样。"波兰尼的比喻很形象，可惜没有考虑到不同类型和规模的企业的感受会很不相同。此外，他也只是限定了"（货币）购买力由市场主宰"的官商文化这一极的危害性。事实上，另一极的官商文化，即"（货币）购买力由政府主宰"同样具有危害性。

问题的关键是，官商文化需要根据"有效金融政策及其作用条件""金融政策风险及其传导机制"的规律，在上述市场主宰和政府主宰两极之间恰当地来回"摆动"，才能让中国企业生态循环遵循历史发展趋势，更好地纵向推进，从而实现金融政策危机应对功能的优化。

维护一个良好的水族生态系统循环，意味着有"放水养鱼"的阶段，也有避免"鱼变鲨鱼"的阶段。以此比喻企业生态，前者意味着官商文化更多地"摆"向市场主宰，后者意味着官商文化更多地"摆"向政府主宰。无论在特定历史阶段"摆"向哪一边，摆动的幅度别过大，时间别太长，对于维护企业生态的种群和类型多样性都是特别重要的。就这种纵向调整对带有一定自律性的中国企业生态循环而言，我国官员的任期制无疑是一种相当明智的保障性做法。

五　结论与讨论：迈向企业生态的金融社会学

鉴于特定的金融政策有其对应的技术、社会结构和资源分布条件，金融政策及其转变在"总量"上进行危机应对的过程，可能也恰恰是"结构"上风险累积的过程。在特定官商文化背景下，中国企业也难以逃脱这一规律。但是，中国企业生态的种群和类型的多样性，及其巧妙的横向分割与纵向调整，让中国经济表现出了强大韧性。

本文的贡献在于，将金融政策"双刃剑"的相关理论问题纳入中国"官商文化－企业生态"的历史和现实中予以考察，指出"官商文化—金融政策—企业生态"三者之间构成了相互影响的关系。维护企业生态的种群和类型的多样性对于金融政策的危机应对乃至经济和社会发展而言具有根本性战略意义。官商文化根据"有效金融政策及其作用条件""金融政策风险及其传导机制"的规律，在市场主宰和政府主宰两极之间以恰当的幅度和时间来回"摆动"，也有重要的战术意义。

未来，"官商文化－企业生态"的建设内容应主要包括：（1）国家对经济领域秉持的原则和理念，及其适时地纵向调整；（2）各类企业的数量、构成、彼此关系，以及协调企业间关系的法律法规、贸易规范，社会信用体系、会计与审计准则、中介服务体系，等等。这些内容在学理上可被称为"企业生态的金融社会学"。实践中，只有调动各级政府、金融机构、各类企业和社会公众等多种力量和多方面的积极性，才能真正建设和维持好让我国经济独具韧性的官商文化及企业生态。

一国的人口数量和结构变化，以及特定的传染性疾病，比如说新冠肺炎疫情，构成了国家对经济和金融领域加以干预的必要性、正当性。诚然，相关干预仍需特别注意坚持"维护企业生态的种群和类型多样性"的原则。

参考文献

陈光金、吕鹏，2019，《中国私营企业调查综合报告（1993～2016）：从高速增长到高质量发展》，社会科学文献出版社。

国家统计局，2017，《2003～2016年全国居民人均可支配收入基尼系数》，http://www. stats. gov. cn/ztjc/zdtjgz/yblh/zysj/201710/t20171010_1540710. html。

理查德·M. 埃贝林，2019，《货币、银行与国家》，马俊杰译，海南出版社。

刘世定，2007，《社会学与总量——结构的宏观政策》，《社会学研究》第2期。

刘世定，2017，《危机传导的社会机制》，载刘世定主编《经济社会学研究》第四辑，社会科学文献出版社。

王水雄，2014，《中国金融市场化的层级性与边界性——着眼于中小企业融资担保的一项探讨》，《社会学评论》第2期。

王小鲁，2007，《灰色收入拉大居民收入差距》，《中国改革》第7期。

杨开忠、陶然、刘明兴，2003，《解除管制、分权与中国经济转轨》，《中国社会科学》第3期。

约翰·梅纳德·凯恩斯，2007，《就业、利息和货币通论》，陆梦龙译，九州出版社。

招商银行，2019，《招商银行 2018 年度报告（A 股）》，http://notice. 10jqka. com. cn/
api/pdf/bc843802ad9c3dbd. pdf。

Hayek，F. A. 1931. *Prices and Production.* London：Routledge.

North，Douglass C. 1981. *Structure and Change in Economic History.* New York & London：
W. W. Norton & Company.

Polanyi，Karl. 2001. *The Great Transformation：The Political and Economic Origins of Our
Time.* Boston：Beacon Press.

信息通信技术与社会分化的环境分析框架

邱泽奇[*]

一 引言

信息通信技术（Information Communication Technology，ICT）与社会分化是一个很大的题目，哪怕用多卷本的篇幅，也不一定有机会讨论清楚，更不用说讨论透彻。在一百多年的努力中，涉及社会分化的社会学文献汗牛充栋，从思想实验到实证研究，也很难说把社会分化的机制说透彻了，相关论题与论述依然呈现比较碎片化的状态：制度、产业、教育、家庭背景、种族、性别等，都是影响社会分化的自变量。可是，在给定环境下，这些因素如何构成社会分化机制，我们依然不清楚。社会学家们研发了多种统计分析模型如结构方程模型、多层线性模型等，也没有对社会分化的机制达成共识。

在影响社会分化的因素方面，社会学的多元传统呈现出持不同立场的学者聚焦于自己的关注点且无法与其他学者达成共识是问题的一个方面，另一个方面是社会在不断发展，从工业化早期到后工业化（贝尔，1984），影响社会分化的因素在不断发展变化，让社会学的结论不断面临新的检验和挑战。进入 20 世纪晚期，ICT 的发展有机会把人类社会连接

* 邱泽奇，北京大学中国社会与发展研究中心教授、主任。

为一个高度互联的社会，给社会分化带来了新的影响，数字鸿沟（NTIA，1995，1998，1999，2000）便是表现之一。ICT 会不会是影响社会分化的新因素现在还不清楚，社会学家们需要加以关注。

这篇文章的目的是提出 ICT 作为社会分化自变量的话题，希望引起学界尤其是社会学界的重视，关注技术应用和技术环境对社会分化机制的影响。需要特别说明的是，本文强调社会分化的机制，不是社会分化的格局。我不讨论 ICT 将社会改变为什么样子，只关注 ICT 如何或将如何影响社会分化？

在"如何改变"的意义上，我将不讨论 ICT 如何改变社会的方方面面，而只关注 ICT 影响社会分化的机制。为让讨论更清晰，也由于 ICT 对社会分化的影响尚未明确，我将把 ICT 影响与其他相似层次的因素（如产业影响）以思想实验的方式进行比较，借此呈现 ICT 影响的特征及其实质，而不涉及影响社会分化其他层次的自变量。

对社会分化自变量的既有探讨主要聚焦于制度、性别、种族、产业、教育、家庭背景等因素，且因变量层次不同而形成了不同的分析特点。顶层制度是具有一般影响的变量。对制度的关注，一个典型的领域是探讨从计划经济向市场经济转型给社会分化带来的影响，不只是中国，对苏联、东欧各国的探讨都在这个领域。值得注意的是，社会学家们的探讨集中在经济制度变革带来的影响上（科内尔，1986；Nee，1989，1992，1996）。其实，政治制度变革也是一个重要影响因素，例如，从皇朝制度向共和制度的转型、从新民主主义制度向社会主义制度的转型。相比于经济制度，政治制度涉及对经济制度属性的确定与安排，是更高层次的变量，对社会分化有更加重要的影响（邱泽奇，2000）。给定政治和经济制度，产业是影响部分人群的、相对中程的变量。早在 20 世纪 50 年代社会学家们开始关注产业的影响：关注产业变革带来的批量就业机会对社会分化的影响，也关注产业分工体系变化对产业间经济收益分配格局的影响，进而关注经济分配格局对社会分化的影响（Lipset and Bendix，1959）。在中国，学者们对教育制度、产权制度、收入分配制度、城乡制度的研究也属于这一类（刘精明，2006；刘世定，1998，2008；周振华、杨宇立等，2005；高志仁，2009；谭伟，2009；王弟海，2009）。

不过，对制度和产业因素的探讨都没有成为社会分化研究的主流，尽管两条脉络一直存在，却没有形成学者云集的繁荣格局。

在社会分化研究中，对性别和种族的关注形成了另一个中程领域。[①]如果说女性的解放及其参与社会生活是人类社会发展的大趋势，与产业发展变化处于相似的层次，有相似的影响，那么，黑人解放运动的风起云涌则是发生在人类的部分社会特别是美国社会的现象。如果说社会学对性别的关注是历史潮流的一部分，是社会分化研究顺应时代发展的努力，那么社会学对种族的关注则主要是美国社会学对世界社会学发展的影响所致，是美国社会学的强势崛起把种族因素带进了世界社会学的视野。

同样受美国社会学影响的还有对教育和家庭背景等因素的探讨。在变量层次上，如果我们不把教育作为一种制度安排而当作家庭或个体对制度提供的受教育机会的运用，则教育和家庭背景便是微观层次的变量。布劳－邓肯模型（Blau and Duncan，1967）的创见和美国学术界以至于世界其他地区的社会学对微观层次变量的追捧让类似的研究成为过去几十年社会分化研究十分热门的领域。同样，其热度与美国社会学的强势崛起不无关系。社会学学科影响源从欧洲向美国的转移，预示了以社会思想为灵魂的欧洲社会学影响力的下降和以实证方法为抓手的美国社会学影响力的上升。布劳－邓肯模型的流行与这个趋势紧密相连，尤其是在第二次世界大战之后。应该说，美国社会学的崛起与社会分化对教育和家庭背景因素的关注形成了相互促进的关系。过去一些年中国社会学界对教育获得、家庭背景的研究也属于这一类（刘精明，2006；杨俊、黄潇，2010）。

从制度、性别、种族、产业，到教育、家庭背景，也是社会分化机制研究的历史转向，让社会分化机制研究从对宏观整体性因素影响的探讨转向对微观个体性因素的探讨。制度可以被理解为国家资源配置机制，性别和种族可以被理解为社会认知经过制度安排建构的一般性资源配置机制，产业可以被理解为市场资源配置机制。这些变量均具有宏观整体

---

① 相关文献汗牛充栋，因与本文主题关系较远，故不列举文献。

性。如果我们把社会分化首先理解为机会差异，那么，制度和产业都是面向每一位社会成员的，性别和种族尽管也具有一般性，却依然可以被理解为制度的子变量。可是，教育不是，家庭背景更不是。社会成员的受教育程度的确受制度影响，如世界各国普遍实施的基础教育普惠制度。只是，基础教育不完全是影响社会分化的变量。教育对社会分化的影响更多的来自高等教育。是否接受高等教育、接受什么样的高等教育，则主要受到个体因素和家庭因素的影响。家庭因素不仅影响个体教育，还影响个体的初职，进而影响个体在社会分化中的通道选择和机会。在关注微观层次的文献中，大多数都是这类研究（侯龙龙等，2008；胡金木，2009；魏建国等，2009；孙自军等，2009）。

简言之，既往文献对社会分化的研究呈现为两种机制：第一，基于国家资源分配和市场机会提供形成的宏观整体性分化机制；第二，基于家庭先赋性因素和个体自致性因素形成的微观个体性分化机制。那么，ICT 又会如何影响社会分化呢？ICT 是宏观层次的自变量，还是微观层次的自变量，抑或依然是制度的自变量？不管是哪个层次的自变量，它构成一个独立影响因素吗？如果是，影响机制又是什么？

二　终端技术影响的路径

分析 ICT 对社会分化的影响需要理解技术与社会的关系。ICT 是一种技术，理解技术如何影响社会是前提；ICT 同时也是一种终端技术，理解 ICT 与其他技术的差别及其影响社会机制的差别是分析 ICT 对社会分化的影响的关键。

人类社会经济生活始终与技术相伴随，人类对技术的兴趣与人类的历史一样悠久。遗憾的是，社会科学尤其是社会学对技术与社会关系的探讨尚没有形成系统的知识系谱。在社会学的发展中，技术常常被掩埋在产业变量中；而在探讨产业与社会分化的关系时，技术又被掩埋在劳动者技能和生产环境的关系中，从未被作为一个独立变量。既有的涉及技术因素的知识散落在取向差异极大的偶发研究中，既不构成传统，也难以整合。

社会学对技术的知识化源于默顿（Robert K. Merton）构建的"科学－技术－社会"（STS）理论框架（邱泽奇，2008）。长期以来，人们都以为默顿是社会学技术研究的鼻祖。事实却是，默顿并没有探讨技术对社会的影响。默顿的确以社会学的视角探讨过科学与技术，不过他的目标在于探讨近代科学技术如何产生与发展，而不是科学技术对社会的影响。默顿更有兴趣的是科学家如何在科学技术发展中成为一个相对独立的社会群体（默顿，2009）以及科学家群体与社会其他群体的关系。当然，默顿也没有区分科学与技术。

把技术作为独立变量进行分析的是法国社会学家埃吕尔（Jacques Ellul）。埃吕尔认为技术是由三类技术构成的层级结构：经济技术处于底层，组织技术处于中层，人类技术处于上层；下层技术嵌套在上一层技术之中形成一个体系，在整体上构成了人类运用的技术（Ellul，1964）。显然，在埃吕尔的论述中，技术是一个意义广泛的概念，是一个与自然环境、社会环境具有同等意义的技术环境。埃吕尔关注的是技术本身，是社会中技术重要性不断增强的历史过程，是技术与经济、组织、社会之间的关系，而不是聚焦于技术如何影响社会特别是如何影响社会分化。同样的论述也出现在以哈贝马斯为代表的批判理论传统及其发展中（哈贝马斯，1999）。

综观历史文献，我们极少发现将技术作为社会发展或变迁自变量的研究。我们有兴趣的恰恰在于技术通过怎样的路径如何影响社会的分化。如果把我们的兴趣放在埃吕尔的脉络中，我们关注的也许是经济技术甚或组织技术之于社会分化的影响路径，而不像埃吕尔那样关注技术本身。因此，对我们而言，埃吕尔的研究有观念启蒙作用。他认为，早期技术是依附于民间传统的工具，是人类肢体的延伸，用当下语言来说是人的技能与工具的结合，附着在具体人身上。遗憾的是，埃吕尔并没有展开对技术影响社会路径的探讨。

顺着埃吕尔对技术环境变化的探讨，我们认为，在工业革命之前，技术与特定人群相联系，通过特定人群的社会经济地位变迁影响社会分化。一个容易理解的例子是工匠的社会经济地位。在资本驾驭技术之前，政治权力是工匠社会经济地位的决定性因素，制度变革可以直接影响工匠的社会经济地位，如"四民"从"士商农工"到"士农工商"的转变。技术附着于匠人技能使得技术始终与特定人群绑定在一起，没有批量生产性，也没有批量交易性。附着于匠人技能的技术无法突破匠人社会身份的约束，在事实层面也是对社会分化影响甚微的力量。

工业革命改变了工匠技术影响社会的路径。第一，技术从匠人身上分离出来，成为可批量生产的物质产品，也常被称为社会物质化（性）（sociomateriality，Orlikowski and Scott，2008）；第二，基于技术分工，形成了生产不同产品的行业体系（产业经济学文献）；第三，基于一个行业对其他行业的影响力形成了行业的市场价值，也形成了行业之间的价值分化（国际分工论文献）。

看起来，技术的行业化只影响人类的经济生活，影响行业的收益，进而影响行业对社会的影响力，而与社会分化没有关系。我们认为，与技术附着于匠人技能比较，技术的行业化正是技术之于社会分化的本质转变。那么，行业分化是如何转化为社会分化的呢？背后的逻辑是，社会成员通过参与行业生产，一方面获取由行业声望映射的社会声望，另一方面获得行业岗位报酬以支撑行业社会声望。简单地说，在不同行业工作的人群一方面存在社会声望差异，另一方面也存在工作收入差异，进而形成了不同人群的社会经济地位获得差异（见图1）。工业化对社会的本质影响在于将工作职业化，没有职业的人几乎不可能自主获得生活资源，即社会学家说的社会的组织（行业）化（Perrow，1991），不在组

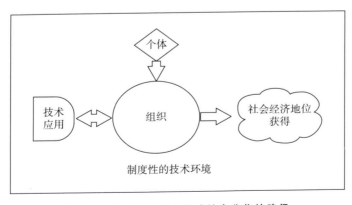

图1　工业化时代技术影响社会分化的路径

织中的人等于没有进入社会。

在给定社会制度下，在一个组织化的社会，技术之于社会分化的路径脱离了之前附着于匠人技能的模式而附着于组织，通过组织的社会声望与劳动报酬体系影响社会成员的社会声望和工作收入，让身处不同行业的社会成员获得有差异的社会声望和工作报酬，进而影响社会分化。俗话说"男怕入错行"，反映的正是行业对社会经济地位影响的关键性，而影响行业社会经济地位的正是技术。

ICT 意味着在组织之外个体成为技术应用的主体。在工业化时代，技术创新与应用大多局限在组织层次，极少发生在个体层次。个体常常是用技术生产的产品的消费者，而不是技术的直接消费者。当然，ICT 也是工业产品，也分布于不同的行业之中。可是，与其他工业产品的不同在于，ICT 不仅用于消费，给人们带来不同的消费体验，也为人们赋能，使人们能力增强。其实，在工具意义上，任何技术产品都会给劳动者赋能，都会使劳动者能力增强，ICT 的赋能难道有什么特别之处？

第一，ICT 让个体成为独立生产者。在技术身份化时代，匠人也是独立生产者，可是，匠人生产的产品因市场的有限性而无法对社会产生广泛影响，匠人即使有群体认同也因数量少而难以形成影响社会分化的势力，加上制度约束，匠人始终是受社会身份限制的特殊群体。在技术组织化时代，技术也为劳动者赋能，提高劳动者的生产效率。遗憾的是，劳动者的劳动不再独立，技术赋予劳动者的是特定岗位，劳动者与岗位的设施设备复合在一起。劳动者只是岗位劳动者，而不是独立生产者。ICT 可以被理解为同时赋能组织和个体的技术。在组织一侧，与传统工业技术一样，技术通过赋能岗位而赋能组织；在个体一侧，ICT 通过将生产与市场连接为一个网络而让劳动分工可以脱离组织框架，一方面形成松散社会分工的生产模式，另一方面把零散的生产与广阔的市场连接在一起，既突破了传统匠人的市场局限，进而突破了身份约束，又突破了工业生产岗位的约束，如果劳动者愿意，便可成为独立的生产者。

第二，ICT 也将社会划分为二元世界。ICT 让个体成为独立生产者也是有前提的，即有机会接入互联网、有机会接入平台。基于数字技术的ICT 在形态上可以追溯到模拟电话网络时代。在那个时代，电话网络将分布在不同物理空间的人群和事务通过语音电话模式连接起来，基于终端技术形成了两个世界：有限连接的世界和隔离的世界；同时，电话网络也极少像 ICT 那样赋能个体生产活动。同理，桌面终端技术也将人类工作划分为连接的世界和隔离的世界。ICT 是混合了桌面终端技术和其他终端技术尤其是移动终端的技术，将生活和工作相连接，将生活也划分为隔离的世界和连接的世界。

第三，二元世界的本质差异在于机会。匠人的社会身份约束告诉我们，一个超越给定连接的世界意味着突破有限的机会空间。对社会分化而言，则意味着突破自我身份的机会、突破有限空间约束的机会，甚至是突破给定制度约束的机会。运用数字终端技术把个体或组织连接到更加广阔的平台、连接到数字连通的世界，意味着把自己放在更大的舞台上，也意味着把更多的机会带到自己面前，而不再受限于身份、不再受限于岗位，甚至不再受限于诸多曾经限制自己的约束条件。不过，所有的不再受限都有一个前提，那就是有机会运用 ICT，有机会让个体或组织连接到数字网络。

简要地说，如果说人类在迈向高度连接的世界，带来的是新发展机会，也是社会分化的新起点，那么，在这个起点上便已经产生了社会分化，即数字终端技术可及性带来的社会分化，有机会运用数字终端技术的个体或组织有新的发展机会，没有机会运用数字终端技术的个体或组织便失去了新的发展机会。

三　ICT 影响社会分化的分析框架

针对数字终端技术给社会分化带来的影响，人们制造了一个新的概念——"数字鸿沟"（digital divide）。事实上，这个概念不是由学术界提出的，而是美国政府在推动数字技术发展的进程中提出的。美国商务部早在 1995 年就指出了数字技术应用中出现的数字鸿沟，后又做了进一步修订。美国商务部认为："在所有的国家，总有一部分人拥有社会提供的最好的信息技术。他们有最强大的计算机、最好的电话服务、最快的网络服务，也受到了这方面的最好的教育。另外有一部分人，他们出于各种原因不能接触到最新的或最好的计算机、最可靠的电话服务或最快、最方便的网络服务。这两部分人之间的差别，就是所谓的'数字鸿沟'。处于鸿沟的不幸一边，意味着他们很少有机遇参与到我们以信息为基础的新经济中，也很少有机遇参与到在线的教育、培训、购物、娱乐和交往当中。"（NTIA，1995，1998，1999，2000）

　　问题是，数字可及性并非个体或单个组织可以单边解决的问题。接入互联网的前提是存在提供接入服务的互联网。事实上，接入供给是主权国家数字基础设施服务的一部分，除了国家规制约束，也受市场供给能力的影响。在思想实验中，一个国家数字鸿沟的大小，首先取决于接入供给的普惠程度。接入供给覆盖的人群和组织的范围越广，接入供给越普惠，在接入环节带来的数字鸿沟便越小；反之，接入供给覆盖的人群和组织的范围越窄，接入供给越独占，在接入环节带来的数字鸿沟便越大。当前，世界上还有一半以上的人口被挡在 ICT 世界之外，没有接入互联网。对这些人口的简要分析表明，接入供给普惠程度与国家或地区的工业化发达程度呈正相关，发达国家或地区也是接入供给普惠的国家或地区。①

　　当然，跨过数字接入鸿沟后，也不意味着每个个体或组织便获得了均等发展机会，而是进入了一个复杂的社会分化进程。一方面，与工业化时代相似的、以组织为媒介的社会分化路径依然存在，即组织依然是产生行业差异进而使不同社会生活和收入人群产生差异的社会分化机制；另一方面，个体化的个体分化路径可能快速凸显出来成为影响社会分化的新机制（见图2）。

　　图2的下半部分是我们在图1中已经见过的机制。可是在这个机制之外，我们观察到了一些新的现象。在社交网络领域出现了脸书（Facebook），为每一个终端持有者提供了广泛连接的平台。通过这个平台，身处不同时空的个体被高度连接在一起，个体突破身份约束、突破社区时空约束、突破组织时空约束，甚至获得了超越主权国家约束的社会大舞台。而平台的性质（如平台是一类新的企业形态或形制，或是一类新的

---

　　①　参见国际电联（ITU）网站的数据。

公共资源，类似于网络接入基础设施），则是一个有待进一步讨论的议题，这里暂不做讨论。

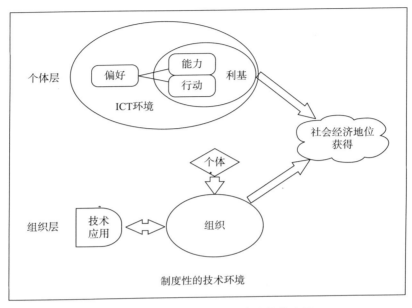

图 2   ICT 时代技术影响社会分化的路径

如前所述，数字接入鸿沟与国家工业发展水平高度相关，是国家数字基础设施供给水平影响的结果。在中国，虽然互联网接入供给起步的时间较晚，直到 1997 年才出现了第一家数字接入供应商，可是十多年来，中国的互联网接入供给能力和水平都在大幅提升，到 2010 年底，中国接入互联网的人口已达到 4.57 亿，占人口总规模的 34.3%；其中，宽带普及率为 98.3%，手机上网人口为 3.03 亿，占上网人口总数的 66.2%；农村上网人口为 1.25 亿，占上网人口总数的 27.3%；在家里上网的比例达到 89.2%（中国互联网络信息中心，2011）。

在中国，淘宝网则呈现 ICT 推动个体应用的场景，典型的例子是淘宝村的出现。乡村与世界的数字连接推动以个体或家庭为单位的商业应用——在网上卖东西。无论在农业社会还是在工业社会，乡村市场都是局地市场，尤其是农产品市场和地方性手工业产品市场，消费者群体常常是有限范围的居民。从 2009 年开始，中国便有村民运用 ICT 突破局地市场，将产品卖到了全国各地，江苏省徐州市睢宁县沙集镇东风村便把村民生产的简易家具卖出了东风村、沙集镇、睢宁县、徐州市、江苏省。在江苏的社会经济发展中，苏南是头，苏北是尾，东风村曾经是尾中之尾，却在淘宝网带来的互联网市场上实现了突破，超越了毗邻的耿车镇，成为社会经济发展的一面新旗帜。①

与此同时，我们也观察到华尔街曾经是股票经纪人的世界，ICT 终端应用的发展尤其是移动终端如智能手机的发展，让每个愿意炒股的个体都有机会直接参与证券市场的买卖活动，让个体成为金融市场的生产者。

归纳起来，移动终端技术的应用，不仅赋能个体生活，让个体突破自身存在的时空约束与整个世界相连，让经由时空层级的间接拓展变成经由数字通道的直接接触，让个体的生活圈子从乡村和城镇拓展到整个人类社会；进一步，还赋能个体生产，让个体的物质生产或资本运营突破局地市场的约束与世界市场相连，让经由渠道营销的间接生产活动变成经由数字渠道的直接生产活动，让生产活动的市场从乡村和城镇拓展到整个人类市场。由这样的生活和生产推动的社会分化显然是图 1 无法解释的，我们需要一个新的分析框架。

无论是个体生活的拓展还是生产的拓展，在社会分化意义上都是革命性的，也是本质性的。那就是，在基于乡村社区或产业组织的社会分化之外，ICT 带来一种新的、未曾有过的依赖于个体行动的社会分化，我们姑且称之为一个人的社会分化或个体化的社会分化。个体依靠自我行动，既可以与身边的人发生经济社会分化，还可以与更大范围的群体发生经济社会分化。不仅如此，个体行动带来的社会分化甚至不像社区或行业的社会分化那样需要长期的积累，个体或家庭在短时间内便可以快速形成声望积累、财富积累、影响力积累。

面向农业时代和工业时代，社会学家们对社会分化的解释是，个体经由家庭的支持，接受良好的教育，选择优势行业和职业，加上职业经验的积累，逐步形成向上的社会流动。其中，每个环节的差异都会累积起来，形成个体之间与人群之间的社会经济地位差异，最终汇集为社会

---

① 事实与数据源自我的实地调查。

分化。其中，在给定制度和市场环境下，家庭、教育、职业、行业、个体自致性因素的影响，一个都不能少，这是一个缓慢的、多种因素影响融汇的过程，包括产业变革带来的外部影响。正是认识到这些因素的复杂互动，社会统计学家们才基于一般线性模型发展出结构方程模型等，试图用这些不同的模型来拟合实际发生的社会过程。

可是 ICT 带来的技术变革却突破了环节进程式的社会分化机制，特别是收入分化机制。那么，其中蕴含的机制又是什么呢？如果说在之前的社会分化探讨中，社会学家们不曾专门考虑技术对社会分化的影响，的确，技术对社会分化的影响从来都被当作一团迷雾，那么，这里我们试图揭开的正是这团迷雾，即：个体如何在给定技术环境中突破多个进程式环节的约束，进而带来了一个人的社会分化或者基于个体或家庭的社会分化？

图 2 上半部分试图用思想实验方式说明，在给定互联网接入普惠的前提下，ICT 已然是一种经由个体运用产生社会分化的环境。可是，个体如何使用 ICT 进而实际产生社会分化，则既不是其家庭背景可以决定的，也不一定是个体受教育程度可以决定的，还不是行业和职业可以产生决定性影响的。用面向工业时代的社会分化机制来解释，焦点汇聚到个体自致性因素上，即个体用还是不用？如果用，又怎么用？如此，个体对 ICT 的偏好、个体使用 ICT 的能力显得尤为重要！

终端技术的个体化运用给人们自主选择运用的方式提供了机会。在经济学对个体成就的分析中，偏好是常用变量。经济学家认为，人们的偏好会影响其经济行为（偏好的文献）。可是，社会学家总是假定人们的行为总是社会强制的后果。或许在更加宏观的层次社会学家的假定是成立的，只是，在 ICT 环境下，个体偏好会实在地影响人们的社会经济行为。譬如，运用终端技术既可以进行生产，也可以进行娱乐和消费，如何运用终端技术实实在在地受到使用者偏好的影响，在此方面，已有不少相关的研究（DiMaggio et al.，2004；Van Dijk and Hacker，2003）。在 ICT 环境下，对终端技术的偏好会直接影响人们对 ICT 的利基（niche）选择或直接将人们置于 ICT 环境的不同利基之中，给人们带来不同的收益，类似于利基化的声望，如在某个社交平台的声望、在某个游戏中的段位；或类似于淘宝村村民的经济收益，如家庭或个体收入，且在利基化的生活或社会化的经济收益维度产生社会分化。

在给定 ICT 环境里，人们的偏好构成了人们运用 ICT 的利基。可是，利基化社会声望的分化、经济收益的分化还取决于人们运用终端技术的能力和行动，类似于在给定行业环境里，甚至在给定企业或组织岗位的前提下，人们的能力与行动会影响其职位晋升进而影响其在给定环境里的社会声望和经济收入一样。不过，与工业时代基于岗位的社会分化不同的是，工业时代是行业内的分化，个体的能力和行动难以突破行业约束，产生对人们具有一般意义的社会分化；而 ICT 环境里的社会分化从一开始便是利基环境的分化和一般意义上的分化相融合的社会分化，或许声望具有利基性，可是经济收益却具有普遍性。个体的能力只有通过行动才会产生社会后果，即社会分化，而行动其实也受偏好影响。

如此，要厘清 ICT 环境下社会分化的机制其实需要进一步探讨人们的偏好、能力、行动之间的三角关系。一方面，有偏好，不一定有能力，有能力不一定有行动；另一方面，有偏好、有能力，也不一定有行动；还有，有能力，偏好可能也不一定稳定，则行动会随偏好的变化而变化。我想，本文只能止步于提出偏好、能力、行动三角，而难以进一步深入探讨，即使运用思想实验，也需要更大的篇幅和更多的时间。如此，还是留待未来吧。

需要附加说明的是利基。如果我们把 ICT 环境下人们的高度相互连接作为一个生态，那么，每个连接或被连接的行动者便是生态中的一员，一般性生态环境可以对个体产生直接影响，如网络接入速度；同时，个体的社会行动总是具体的，众多个体具体的社会行动便会汇集为一个小生态，个体能力经由行动，便会在给定的小生态中形成差异，即形成个体在小生态中的位置，位置对行动的影响，便是生态学的利基。

四 结论

在社会分化的探讨中，社会学家们常常站在自己的兴趣点上展开分析和探讨，在客观上形成了宏观视角和微观视角。宏观视角的社会分化分析关注总体性社会制度的影响，关注工业化和市场化导致的行业结构变迁的影响；而微观视角则关注家庭、教育、职业的影响。可是，无论是宏观视角还是微观视角，都没有关注技术的影响。

我们认为，不是社会学家不关注技术的影响，而是因为在 ICT 成为社会分化的环境之前，技术是通过匠人的社会身份和组织的技术创新与运用给社会分化带来影响的，从不曾在总体上形成一种影响社会分化的力量。其中，与匠人技能绑定的技术是个体的技术，而不是社会的技术，匠人影响范围和影响力量的有限性不可能让技术成为影响社会分化的一般力量。与组织的技术创新与运用绑定的技术也没有让技术成为直接影响社会分化的力量，而是通过组织本身，形成了组织之间的社会声望和经济收益分化，人们的社会分化在本质上是组织社会分化的投射，尽管在这一投射中有不同层次变量的影响，从一般社会制度、生物属性到个体的自致性努力，其中，技术不构成让个体脱离组织而独立分化的社会力量，组织是人们与社会联系的媒介与承载力量。在这两种情况下，技术都只是作用于不同社会行动者的局部环境，而非整体性、全局性环境。在机制上，在给定社会制度的前提下，技术作为个体属性的一部分或作为组织属性的一部分，即作为影响社会分化的局部力量，为人们提供的是职业机会，也是社会分化的路径。

与此形成鲜明对照的是，ICT 环境是整体性环境，终端技术让其成为直接作用于个体的力量。个体依然可以通过组织机制发生社会分化，同时还可以通过个体自致性因素，独立获得社会经济地位。终端技术的数字特征赋能社会行动者通过高度互联搭建自己的舞台。社会行动者在舞台上的偏好、能力和行动可以产生直接的社会后果，获取利基化的甚至一般意义上的社会声望，也获取一般意义上的经济收益，进而把自己带入社会分化的洪流之中。如果说工业时代的社会分化是组织分化带来的个体社会分化，那么，ICT 环境带来的则是个体分化导致的个体社会分化，社会分化开始进入一个人的社会分化时代。

参考文献

丹尼尔·贝尔，1984，《后工业社会的来临：对社会预测的一项探索》，高铦、王宏周、魏章玲译，商务印书馆。

高志仁，2009，《新中国个人收入分配制度变迁研究》，湖南师范大学出版社。

侯龙龙、李锋亮、郑勤华，2008，《家庭背景对高等教育数量和质量获得的影响——社会分层的视角》，《高等教育研究》第 10 期。

胡金木，2009，《建国以来高等教育机会分配的演变轨迹分析》，《中国高教研究》第 12 期。

刘精明，2006，《高等教育扩展与入学机会差异：1978～2003》，《社会》第 3 期。

刘世定，1998，《科斯悖论和当事者对产权的认知》，《社会学研究》第 2 期。

刘世定，2008，《产权保护与社会认可：对产权结构进一步完善的探讨》，《社会》第 3 期。

罗伯特·金·默顿，2009，《十七世纪英格兰的科学、技术与社会》，范岱年、吴忠、蒋效东译，商务印书馆。

邱泽奇，2000，《中国大陆社会分层状况的变化：1949～1998》，台北：大屯出版社。

邱泽奇，2008，《技术与社会变迁》，载李培林、李强、马戎主编《社会学与中国社会》，社会科学文献出版社。

孙志军、刘泽云、孙百才，2009，《家庭、学校与儿童的学习成绩——基于甘肃省农村地区的研究》，《北京师范大学学报》（社会科学版）第 5 期。

谭伟，2009，《中国收入差距：增长"奇迹"背后的利益分享》，中国发展出版社。

王弟海，2009，《收入和财富分配不平等：动态视角》，格致出版社、上海三联书店、上海人民出版社。

魏建国、罗朴尚、宋映泉，2009，《家庭背景与就读大学机会关系的实证研究》，《教育发展研究》第 21 期。

亚诺什·科尔内，1986，《增长、短缺与效率：社会主义经济的一个宏观动态模型》，崔之元、钱铭今译，四川人民出版社。

杨俊、黄潇，2010，《教育不平等与收入分配差距的内在作用机制——基于中国省级面板数据的分析》，《公共管理学报》第 3 期。

尤尔根·哈贝马斯，1999，《作为"意识形态"的技术与科学》，李黎、郭官义译，学林出版社。

中国互联网络信息中心，2011，《第 27 次中国互联网络发展状况统计报告》，http://www.cac.gov.cn/files/pdf/hlwtjbg/hlwlfzzkdctjbg027.pdf。

周振华、杨宇立等，2005，《收入分配与权利、权力》，上海社会科学院出版社。

Blau, P. M. and O. D. Duncan. 1967. *The American Occupational Structure*. New York: Wiley.

DiMaggio, P. , Hargittai, E. , Celeste, C. , and Shafer, S. 2004. "Digital Inequality: From Unequal Access to Differentiated Use—A Literature Review and Agenda for Research on Digital Inequality", pp 355 – 400, in *Social Inequality*, edited by Kathryn Neckerman. New York: Russell Sage Foundation.

Ellul, J. 1964. *The Technological Society*. New York: Vintage Books.

Lipset, S. M. and R. Bendix. 1959. *Social Mobility in Industrial Society*. London, Heinemann.

Nee, Victor. 1989. "A Theory of Market Transition: From Redistribution to Markets in State Socialism", *American Sociological Review* 54 (5): 663 – 681.

Nee, Victor. 1992. "Organizational Dynamics of Market Transition: Hybrid Forms, Property Rights, and Mixed Economy in China", *Administrative Science Quarterly* 37 (1): 1 – 27.

Nee, Victor. 1996. "The Emergence of a Market Society: Changing Mechanisms of Stratification in China", *American Journal of Sociology* 101 (4): 908 – 949.

NTIA. 1995. "Falling Through the Net: A Survey of the 'Have Nots' in Rural and Urban America", Washington, DC: US Dep. Commerce.

NTIA. 1998. "Falling Through the Net II: New Data on the Digital Divide", Washington, DC: US Dep. Commerce.

NTIA. 1999. "Falling Through the Net III: Defining the Digital Divide", Washington, DC: US Dep. Commerce.

NTIA. 2000. "Falling Through the Net: Toward Digital Inclusio", Washington, DC: US Dep. Commerce.

Orlikowski, W. J. and S. V. Scott. 2008. "Sociomateriality: Challenging the Separation of Technology, Work and Organization", *The Academy of Management Annals* (2): 433 – 474.

Perrow, C. 1991. "A Society of Organizations", *Theory and Society* 20 (6): 725 – 762.

Van Dijk, J. and Hacker, K. 2003. "The Digital Divide As a Complex and Dynamic Phenomenon", *The Information Society* 19 (4): 316 – 326.

信贷交易中的产权混合治理

——对农业政策性担保的经验研究

王　维[*]

一　信贷交易中的产权实施困境

长期以来，产权问题在金融研究中并没有得到重视。道理很简单：现代金融市场是在私有产权制度已经确立并得到充分保护的背景下建立和发展起来的，在主流经济学分析中完备产权通常被当作默认的前提假设，而非需要关注的议题。直到 20 世纪 90 年代，随着法与金融理论的兴起，学者们通过对不同国家法律和金融体制的比较研究发现，金融市场的繁荣与一个国家对产权保护的力度息息相关，法律条文对债务人的保护程度、法律执行效率等，都是制约一个国家金融市场发展的重要因素（La Porta et al. ，1998；Carruthers et al. ，2002；Pistor et al. ，2002）。尽管法律如此重要，但现实世界中法律缺失或失灵是一种常态，特别是在发展中国家。经济活动不会因政府不能提供或疏于提供法律而停顿下来，人们会发展出各种替代性制度，包括对财产权利的自我保护和雇佣专业化保护、信息传播网络、社会规范以及合约执行的惩罚机制等。Kranhnen

* 王维，北京大学社会学系 2008 级博士，现为中央社会主义学院讲师。

和 Schmidt（1994）认为正规金融和非正规金融最重要的区别就是促进偿付的机制不同。在正规金融中，促进偿付的机制是依靠法律系统，而非正规金融则主要依靠合约各方关系的约束和同伴的监督机制来保证合约的履行。当然，当缺乏有效的法律支持时，交易范围会大大缩小，会退化为熟人之间的交易。

迪克西特（2007）尝试将关系型治理和规则型治理放入一个统一的模型中来研究（见图1）。他提出了如下几个观点。第一，在小规模的经济中，关系型治理（自我治理）具有相对优势。从资金供给来看，在身份可以识别的群体内部，基于声誉机制的隐形合约可以得到执行，从而有较大的内部融资收益。迪克西特同时也指出，关系对资本市场的分割是有成本的：维持紧密关系是以放弃（关系不紧密的）新活动为代价的，它限制了资本在不断变化的环境中向生产效率最高的用途流动。而且，关系型体制的固定成本低，但是沉没成本可能很大，能够形成很高的进入壁垒。第二，随着经济范围变得越来越大，规则型治理（外部治理）将占优。建立一种侦查/监督机制需要进行较大的初始投资，不过它的边际成本会递减。第三，中等规模的社区状况反而是最糟糕的，"它是黎明前最黑暗的时刻"。迪克西特特别强调，对于发展中国家来说，治理方式的转变是保持经济持续增长的关键。"只要政府没有形成事实上的政策禁区，在良好关系和信息网络的支持下，小规模商人社区从一个低水平开始的增长，就能够通过关系型治理得到实现。……但是，一旦经济超过中等收入水平，就需要更多地融合到一个更大的经济体中去，原来的关系型治理就不能满足需要。要克服集体行动、既得利益等其他问题，向规则型治理转型的必要性就显得更加迫切。"但是体制转型往往不会在最优点（从关系型体制向规则型体制转变的社会收益现值大于所需投资的成本）上发生。阻碍包括"搭便车"问题、路径依赖和特殊利益群体的反对等。

对于转型期的经济治理方式，迪克西特（2007）认为，采取混合体制可能是更好的选择。他建立了一个双层体制模型，发现仅仅在较小规模的社区中，加入某些规则型体制的因素，例如一个正式的信息传递网络，就能较好地缓解关系型治理收益的递减问题。但是他并没有进一步

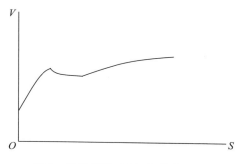

图1　社区规模（*S*）与收益（*V*）

资料来源：迪克西特（2007）。

展开论述，仅仅强调对转型国家来说一个好的体制设计至关重要，"这些必须由大量的当地知识和试验来补充解释"。对像中国这样的处在渐进式改革阶段的发展中国家来说，产权制度往往是"似是而非的""不标准的"，恰恰处在迪克西特所说的从关系型治理向规则型治理的过渡阶段。很多学者已经敏锐地注意到了这个问题，并基于中国经验开展了一系列卓有成效的工作。刘世定（1996）认为"变革中的中国经济制度很难被看成是一个由自由行使和排他性产权构成的集合体"，如果把主流产权经济学家界定的产权状态作为基准，很多重要内容将被视为"偏离状态"从而被人们忽略。这种研究只能告诉我们"不是什么"，却不能告诉我们中国的产权制度到底"是什么"。因此中国社会学家一方面致力于从理论上提出有别于经济学的产权概念和分析方法，例如刘世定提出的"占有"概念（刘世定，1996）、周雪光提出的"关系产权"（周雪光，2005）；另一方面在对实践的考察中寻找不同产权界定方式的内在逻辑，例如申静与王汉生（2005）、折晓叶与陈婴婴（2004，2005）、张静（2003，2005）、刘世定（2003）等。他们认为产权是人们在社会互动中建构出来的，因此强调理解行动者的动机和价值取向，分析作用于其中的社会规范，曹正汉（2008）称之为"产权的社会视角"。本文也采取这样一种产权的社会视角，并将之运用于金融领域，通过对农业政策性担保的经验研究，笔者发现其采取了一种促进产权有效实施的"混合体制"。希望本文有助于加深读者对中国产权问题的认识和理解。

二 农业政策性担保的出现

农民贷款难是中国农村发展中长期存在的一个突出问题。在计划经济时期，中国政府为实施优先发展重工业的赶超战略，采取农业补贴工业、农村补贴城市的办法。为此，一套严格的农村控制体系被建立起来。① 农村金融的发展也受到严重抑制，农业金融仅仅作为政府从农业部门提取生产剩余以完成资本积累的工具。改革开放后，国家对农村和农业的控制逐渐松动，但是城乡二元结构的基本格局并没有打破，资源流动的不对等局面依然得以维持。1997 年亚洲金融危机后，由于认识到中国金融系统潜藏的巨大风险，整顿金融秩序、化解金融风险成为中国政府金融工作的重点。银行业改革的主要内容是实现商业化运作、降低成本、提高效益。银行在信贷投向上偏爱大城市、大公司、大项目、大企业，农村金融迅速萎缩。② 中国银行业在经历了市场化改革之后，格外强调风险控制，重视抵押和担保，以至于有人提出了尖锐的批评，认为银行变成了"典当行"。而中国农村在实行土地使用权改革（土地承包经营）后，关于土地的收益权和转让权的界定长期模糊。因此农民最重要的资产——土地和附着于土地上的建筑均不能用于抵押。如此一来，农

---

① 周其仁（2004）指出，20 世纪 50 年代以后，国家对农村的控制达到史无前例的程度，深入到了乡村一级，一个最直接的原因就是"运用征税以外的手段集中平分于小农的地租"。这一时期的农村金融体系也是为此服务的：严厉打击高利贷；限制民间金融的发展；农业银行三建三撤，农村信用合作社受国家银行的控制和领导，按政府指令放款。随着农产品统购统销、合作化运动和户籍制度的建立，国家彻底封闭了城乡之间的通道，从而能够以较低的成本攫取农业剩余用于工业发展。但是这种控制是以缺乏激励和效率损失为代价的，农业生产长期在低水平徘徊甚至发生倒退。

② 从中国金融资产的分布结构来看，90% 以上的农村金融资产都集中在国有商业银行和农村信用合作社中。随着国有商业银行改革的逐步深化，各大银行纷纷撤并、收缩农村金融网点；而农村信用合作社的改革又一直进展缓慢，难以满足广大农村地区经济发展对金融服务日益迫切的需求。

据统计，自 1997 年以来，包括中国农业银行在内的国有商业银行撤并了 3.1 万个县及县以下的机构，农村信用合作社撤销乡镇以下的代办站 11.6 万个（李而亮，2007）；同时国有商业银行开始严格执行统一授信制度，上收信贷审批权，在"贷款终身责任制"这种过于严格的风险控制机制下，很多县级分支机构形同"储蓄所"，基本不办理信贷业务。

民贷款自然是难上加难。

中国政府逐渐意识到"三农"问题已经成为影响中国社会和谐发展的首要问题，而滞后的农村金融体系成为制约农村经济发展的重要瓶颈。随着新农村建设和农业产业化、规模化经营的深入推进，农民对金融产品和服务的需求更加迫切。从 2004 年开始连续 7 年的中央一号文件都提到采取多种方式鼓励和发展农村金融，促进农村信贷投放。正是在这种背景下，由基层政府出资成立的政策性农业担保公司被视为解决农村融资难题的重要措施，一时间，各地纷纷成立政策性农业担保公司①。作为一种试点，其具体运行方式和管理办法通常由出资的基层政府自行决定。全国各地进行了形式多样的尝试，运行的效果也有好有坏。

笔者于 2011 年 4～5 月调研了 C 市农业担保有限公司（以下简称"农担公司"），对农担公司主要管理者、一线业务人员和部分客户进行了访谈，并且全程参与了农担公司在 C 市成田县的委托贷款试点工作。笔者被允许列席农担公司的内部讨论会和贷款评审会、查阅公司的内部文件，因此能够全面了解他们在信贷交易过程中对产权保护的种种考量和各种应对策略，并进行深入研究。在文章中，出于为受访者保密的目的，对地名和人名做了匿名处理。

C 市是位于我国西部的重要城市。2006 年 8 月 C 市农业委员会（以下简称农委）从支农资金中拿出一部分钱，成立了 C 市农担公司。农担公司是一个全国资企业，注册资金 1000 万元，由 C 市农委负责管理并进行政策业务指导，市财政局负责资金使用和财务的监管。农担公司成立后，最早是由农委的几个公务员负责相关业务。到 2008 年，C 市认为农担公司是拓宽农民融资渠道的有效形式，准备将之做大。由 C 市农委副主任孔天宏接任董事长一职，并增资至 1.5 亿元。改组前农担公司一共办理了六七笔业务，总计担保金额 4900 万元，其中有 2500 万元出现了问

---

① 中国的政策性担保公司以为中小企业提供信用担保为主，1993 年第一家中小企业担保公司——中国经济技术投资担保有限公司成立。据统计，截至 2007 年底，全国中小企业信用担保公司已达 3729 家，共筹集担保资金 1774.1 亿元，累计担保总额 1.35 万亿元。政策性农业担保公司则起步较晚，直到 2004 年中央一号文件发布后，中国部分地区特别是经济较发达的农村地区才陆续成立政策性农业担保公司。目前关于这类担保公司的数量和规模还缺少比较全面的统计数据。

题。出问题的主要原因是：政府公务员并非专门的金融从业人员，对金融风险的识别判断能力比较差。于是 C 市决定把经营方面的事情交给专业的团队来做。他们采取公开招聘的方式，聘请了有丰富金融从业经验的庞辉松任总经理，经营团队都是庞辉松一手组建起来的。

农担公司遵循"政府引导，市场运作，社会参与，服务三农"的经营原则，专注于服务涉农主体。农担公司作为一个平台，整合了政府部门的行政资源、银行的资金优势和乡土社会的道德力量。农民把资产抵押给农担公司，如果农民欠款，由农担公司帮他偿还，这样就打消了银行对于产权问题的顾虑。农担公司又利用多种方式构建了一个有效的社会支持网络，以保证对违约行为有制裁能力。截至 2011 年初，农担公司净资本超过 3 亿元，担保金额 16.8 亿元，委托贷款金额 9860 万元，其规模在国内农业担保机构中位列前三。同时，农担公司有效控制了业务风险，创造了损失率为零的业绩。

三　对产权的"混合治理"

（一）政府入股，强化规则型治理

在中国农村，绝大多数借款人并不缺乏有价值的资产，但这些资产的产权往往是模糊的、分散的，难以作为有效的抵押品。农担公司接受的抵押品包括生物资产（如种猪、种苗）、无形资产（专利、商标）、无权属证明的厂房、股权、林权等。据统计，在他们接受的抵押品中，大约 2/3 是传统银行不认可的。银行不认可是因为受到基层政府、村集体和其他农民的干涉，债权常常无法落实。以林权为例，在借款人违约后，银行最简便的解决办法就是把林木砍伐下来一次性卖掉；但是砍伐须经政府同意，批给"砍伐指标"，批不批、批多少"砍伐指标"并不是银行能控制的。

银行信贷主要依赖规则型治理，但是中国处于转型期，一来有些规章制度没有制定，二来已有的规章制度之间可能存在冲突，"规则"本身尚待修改和完善。此时"补充规则"的制定者——地方政府掌握着相当大的自由裁量权，这大大增加了信贷产权的不确定性。因此，规则型治理要想奏效，必须将地方政府的权力纳入考量。

农担公司由于具有政府背景，在整合政府权力方面具有先天优势。资源分散在各级政府的多个职能部门，地方政府需要把这些分散的资源集中起来。农担公司主要通过两类制度安排获得地方政府的支持。首先，C 市农委作为农担公司的"娘家"，为它提供了农业政策上的支持，并允许农担公司使用其遍布各个区县的农经站；其次，各区县政府通过入股、签订战略合作协议的方式，与农担公司建立了密切联系（见图 2）。

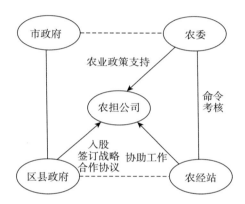

图 2 作为地方政府代理人的农担公司

1. C 市农委

2008 年农委副主任孔天宏接任农担公司董事长一职。孔天宏是一个很有能力、很强势的人，是受到领导器重的"政治明星"，在 C 市农委也能调动很多资源。农担公司在经营方面则由公开招聘的总经理庞辉松全权负责。农担公司的人员构成如表 1 所示。这种混合式的人员构成方式一方面保持了农担公司与 C 市农委的紧密联系；另一方面保证了农担公司在商业运作上的相对独立性。

表 1 农担公司人员构成

姓名	职务	任命方式
孔天宏	董事长	由农委任命，农委公务员，在农担公司兼职但不拿工资

续表

姓名	职务	任命方式
庞辉松	总经理	公开招聘
王勇	副总经理（分管业务），也是公司工会主席、公司监事会成员	由农委任命
许锐	总经理助理	公开招聘
邹红	财务主管、公司董事	在公司领薪，但由市财政局选聘，可以不经过总经理直接向市财政局汇报财务状况
	其他业务部门人员	公开招聘

当时由庞辉松负责具体经营，而孔天宏为农担公司"争取政策、匹配资源"。在这个时期，农担公司获得了高速发展。虽然公司的业务人员基本上是招聘来的，与农委没有密切往来，但是因为孔天宏身兼二职（既是农委副主任又是公司董事长），农担公司能够较为方便地使用农委的资源。因为孔天宏就说了算，可以直接拍板。

农担公司是孔天宏的一个重要政绩，所以孔天宏对于农担公司的发展非常重视。2010 年孔天宏被告发存在经济问题而下台。农委任命章华接任董事长一职（章华即现任的公司董事长）。章华是农委的副处级调研员，在农委还分管某处的一些会计管理工作。由于章华没有孔天宏那样的强势地位，调动农委资源就没那么容易了。"但是现在公司已经步入正轨，度过了因人成事的阶段。"

2. 农经站

在各区县，农担公司主要依托农委的农经站系统作为延伸到下面的"脚"。农担公司的文件中称公司组织结构"一是公司本部为核心系统……二是区县农经站为支持系统，有效解决了公司的业务半径不足的问题。各区县农经站为公司外围机构……"农担公司刚成立时，C 市农委发文要求各农经站要有专人配合农担公司的工作，并且在绩效考核里面要列入这一内容。通常做法是由农经站的一个副站长具体配合农担公司的工作。他们对政府政策、农业和当地的情况比较了解，能够获得很多信息。

后来农担公司接到一些投诉，有的农经站人员有"吃拿卡要"的现象，但农担公司对他们没有约束、管理的权力。为解决这一问题，农担公司在每个区县都派了1个驻守人员，由公司的驻守人员负责接待、调查等工作。不过，"需要与政府打交道的地方还是要由农经站的同志来帮忙协调"。

3. 区县政府

农担公司处置抵押品经常需要基层政府的配合，他们与区县政府拉近距离的办法是签订战略合作协议①。目前，农担公司已经与将近一半的区县政府（18个）签订了战略合作协议。协议的主要内容包括：区县政府有权向农担公司推荐涉农项目，农担公司应优先予以考虑；同时，如果该项目出现风险，区县政府要承担最终损失②的20%。这样就把基层政府和农担公司捆绑在了同一个利益链条上。农担公司董事长坦言，与区县政府的关系是他们开展业务时的一个重要考虑因素。"因为农业有很多都不规范，需要政府大力支持，否则我们没有办法处置押品。……如果和当地政府关系一般，那我们就比较保守地做或者不做。……在18个区县政府里，有八九个关系很好的。这样区县政府就比较有动力帮助我们推动这个事情。"

2010年8月农担公司进行改组，改为股份制公司。改组后共有8个股东，大股东仍然是C市农委，占72%的股份；同时吸引了7个区县政府注资。这一措施使股东区县对农担公司的工作更加支持配合；投桃报

---

① 战略合作协议的主要内容包括：

第三条　甲方（指区县政府）承诺充分发挥政府的资源优势、组织协调优势和管理优势，积极支持乙方（指农担公司）业务发展，努力保证乙方担保资产安全。

第四条　甲方负责园区内涉农担保项目的培育、初审和推荐工作，督促反担保落实及保后管理等事宜，并向乙方出具推荐函。

第六条　合作程序：甲方向乙方推荐的涉农项目，乙方审查通过后，出具担保函，向合作金融机构推荐、协调。

…………

第十条　约束机制。当甲方推荐农业融资项目的不良融资率达到5%时，乙方有权停止受理甲方推荐的担保项目。

第十一条　风险分担比例。甲方推荐给乙方的项目，经乙方项目评审合格同意提供担保的，由乙方承担风险的80%、甲方承担风险的20%。

② 最终损失是指担保公司处置完抵押品后，仍不能抵偿担保额的那部分。一般来说，如果得到区县政府配合，抵押品能够顺利变现，那么担保金额都能得到足额抵偿。

李，农担公司也在股东区县加大了工作力度，并在三个投资较多的区县分别设立了分公司。

（二）农民结社，引入关系型治理

中国农村是一个熟人社会，关系约束和同伴监督能够大大降低债务人的违约风险，因此农担公司也绞尽脑汁地将关系型治理引入信贷交易中，他们采取的办法是促成农民结社。农民结社有两种主要形式：一种是资金互助社，另一种是农民专业合作社。在中国，资金互助社从2004年开始试点，2008年以后资金互助社的数量呈激增状态。农民专业合作社的发展历史较长，不过直到2006年我国才颁布《中华人民共和国农民专业合作社法》。资金互助社是专门的金融组织，但是金融资产只限于在资金互助社内部流动，国家明确规定"不得向非社员吸收存款、发放贷款及办理其他金融业务"。贷款本金通常来自社员入股和捐助资金，采取社员自我管理、自我监督、有偿使用的办法，只有农民专业合作社社员才有资格申请贷款。农民专业合作社是在农村家庭承包经营基础上，同类农产品的生产经营者或同类农业生产经营服务的提供者、利用者，自愿联合、民主管理的互助性经济组织。社员的合作是多方面的，金融领域仅仅是一个方面，农民能够以专业合作社的名义向银行申请贷款。从信贷的角度来看，二者的主要区别在于：资金互助社只能在社员之间开展信贷活动，农民专业合作社则主要是向外部（银行）融资。资金互助社隐含的假设是各个社员的用款时间是不一致的，且风险是分散的，这样通过内部流转可以实现资金互补。而农民专业合作社的隐含假设是社员的用款时间、用途基本一致（通常大家都是从事同一产业的），面临的是系统性风险；社员通常一起面临资金短缺、一起出现风险，在资金方面没办法互补，只能求助于外部融资。从C市农业产业的分布特点来看，资金内部流转的方式不能满足农业活动的需要，较大的资金需求还是要通过银行贷款来满足。

农民专业合作社想获得融资非常困难。2009年，农担公司对C市部分区县的农民专业合作社融资情况进行了调查，在902家农民专业合作社中，只有3家获得了贷款。据农担公司统计，截至2009年末，C市注册登记的农民专业合作社有5089家，全市农民专业合作社融资缺口约为50亿元，2009年实际发放给农民专业合作社的贷款为2818万元，仅占全市农民专业合作社融资需求的0.55%。为此，农担公司专门开发了针对农民专业合作社的项目。

与企业不同，农民专业合作社是众多产权主体的松散组合，对外拟似确定了产权，作为一个有机的整体参与信贷交易，但是这种产权组合并不稳定。企业有一个明确的所有者，从而形成统一权威，企业所有者掌握着剩余控制权和剩余索取权；但农民专业合作社的内部治理是不明确的，决策权的分配、利益和风险的分担往往取决于各方关系，经常处于动态调整中。农担公司引入关系型治理的尝试，既有成功的经验，也有失败的教训。

1. 同岩猕猴桃专业合作社

同岩村从2004年底开始种植红心猕猴桃，2007年成立了同岩猕猴桃专业合作社。猕猴桃每年9月产果，由于合作社没有冷藏保鲜场所，保存不易，必须在半个月内出售完毕。一次性销空的单价偏低，只能卖到每斤4元左右。而红心猕猴桃的市场价格为每斤15～25元，在春节前后价格更高。社员们迫切希望修建猕猴桃冷藏库。他们自筹了20万元资金，但是资金缺口仍然很大，后经农担公司担保，合作社获得60万元贷款。冷藏库修好后，社员们能把猕猴桃保存到销售旺季再投入市场，销售收入大幅提高。

单个农民资金规模小、抗风险能力弱，不利于农业产业化、规模化经营，在这个例子中，农民结成合作社参与金融活动，具有规模优势和组织优势。合作社以全村的猕猴桃林地和未来收入作为抵押，顺利获得了贷款。不过，合作社的社员有200多户，农担公司显然无法对他们进行监督，那么它又如何防止机会主义行为出现呢？合作社的法人代表薛家昆同时也是村党支部书记兼村民委员会主任，他担任村支书十多年，在村民中有很高的威望，种植猕猴桃也是他带头发展起来的项目。在同岩村，合作社对农民进行统一技术指导，统一对外联络购货商、对外销售（销售款由社员自行收取）。因此薛家昆有足够的能力说服有异议的社员，保证所有社员都能遵守协议。

2. 农佳家禽养殖专业合作社

农佳家禽养殖专业合作社最初是由 13 个养鸡大户联合起来成立的（13 人分别为各自村里的养殖大户），发展到现在有社员 300 多户。合作社法人是宁树青。2010 年合作社取得 80 万元贷款用于建设养殖基地。区县政府承诺给予补贴，但眼看贷款要到期了，补贴款还没有到位。宁树青希望股东们先筹钱把贷款还上；股东们不愿出钱，反而提出要求，要把建好的养殖基地分掉（根据合作社和农担公司的协议，以养殖基地作为抵押，在未还清贷款前合作社不得随意处置）。矛盾爆发后，不愿承担还款义务的社员开始退社。老宁抱怨说："有利益的东西每个人都要上，有风险、有弊的，他们就要躲起来……社员说了，你说'入社自愿，退社自由'。唉！合作社法当时规定的时候宗旨是好的，但是说合作社你愿意怎么搞就怎么搞，你们随时都可以散伙，都可以不搞，但是最终谁来负责，合作社法没说清楚。合作社法写的是以出资为限额承担责任，要是这个合作社盈利了，那不说；亏了，如果出资 30 万他亏了 150 万怎么办？最多他把 30 万元赔完，剩下那 120 万元该谁来赔，合作社法没有说。"

从农担公司的经验来看，农民专业合作社的组织形式和领导者的控制力是保证债权的关键，必须有一个"镇得住"的人，也就是有人能够充分利用社会关系网络对债务人施加压力。农民专业合作社有三种组织管理方式：第一种是公司化管理，合作社实质上是企业，只是挂了合作社的名头，以便享受国家优惠政策；第二种是家长式管理，有一个强势的"家长"，不但掌握合作社的决策权，还在社员日常生活中扮演重要角色，这类合作社的法人通常由村委会主任、村支书担任，例如同岩猕猴桃专业合作社的管理；第三种是民主化管理，例如农佳家禽养殖专业合作社。相比较而言，在运用熟人关系进行内部治理上，第二种组织管理方式更有优势。农担公司的员工总结说："我们发现以村委会主任或村支书带头成立的合作社相对而言是最好的。他肯定也要赚钱，他赚钱赚得最多，但相对（企业）而言对农民的盘剥更少。合作社又很稳定，中间偏离的一些人物他镇得住。因为有些人，比如说我拿了你的种子，我种好了，不交给合作社，这时候你拿他也没什么办法。那有村委会主任、村支书在这里，他就不敢。"

四　混合治理方式的调整

我们在上文的讨论都基于一个前提：信贷交易中的借方愿意抵押，贷方愿意接收，政府也有意促进金融发展。也就是说，参与产权界定的各方利益是一致的，只是缺少可行的制度安排，担保公司就填补了这个空白。但是信贷交易的独特性在于它是跨期交易，参与各方在贷前和贷后的利益诉求可能发生改变。例如在贷前地方政府往往大力配合银行和担保公司，尽最大努力促成信贷交易，为当地经济发展增加资金；但是在贷后，地方政府出于"维护稳定""给人活路""保护当地产业发展"等考虑，一般不愿过于追究违约债务人的责任。这进一步增加了信贷交易中产权的不确定性，因此混合治理方式也往往要随着各方博弈条件的变化进行更加复杂的调整。

（一）　在成田县的试点

2010 年 C 市政府加大了对贫困地区的扶贫增收力度并将之列为市政府的四大工作之一。农担公司响应市政府和农委的号召，加大了对贫困区县的业务倾斜力度，并选择国家级贫困县成田县作为重点扶持对象，将成田县定为农户小额信贷试点县。

之所以选择成田县，主要原因在于：（1）它的自然资源比较丰富，森林覆盖率达到 51%，县内还有一个国家级自然保护区。成田县有山地鸡养殖、中蜂养殖等特色产业。很多养鸡户、蜂农受到资金限制，难以做大做强，一旦得到资金支持就能够快速发展。（2）成田县政府也比较积极，主动与农担公司联系，愿意全力配合他们的工作。

农担公司最初的想法是在成田县进行"三权"抵押的试点，即允许农户以土地承包经营权、林权和农村居民房屋产权作为反担保措施。按照惯例，农担公司与成田县政府签订了战略合作协议，最终损失由两家共同分担：农担公司负担 80%，县政府负担 20%。同时，他们也积极与 C 市农商行联系，表明试点对于贫困地区发展的重大意义。农商行领导表示愿意积极配合，最终农担公司与农商行达成协议：农商行对农户发放的贷款利率上浮不得超过银行基准利率的30%（农担公司与所有合作银行一直都有这一约定）；对成田县试点的贷款损失，农商行愿意承担10%，剩下的90%由农担公司承担（见图3）。农担公司本身也投入了大量人力、物力，并且对试点地区的担保费用按照最低标准（不超过30%）收取，据庞辉松核算，担保收入尚不足以弥补他们的经营成本。

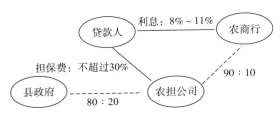

图 3　贷款成本及收益的分配情况

试点的运行并不顺利。首先是乡镇政府和村委会弄虚作假。2010 年 4～9 月，农担公司在县政府的协助下开展了大规模的农户经济情况调查工作。具体操作办法是：政策宣传—农户报名—县政府初审—农担公司最终审核。经济情况调查表要由五方（农户、村委会、乡镇政府、县农委、县增收办）分别签字盖章，以确保情况真实有效。前期工作主要依靠村委会和乡镇政府的力量，有些乡镇政府在审核时漫不经心，甚至把担保当作扶贫款，私底下暗示或鼓励农户造假，夸大贷款需求。最后农担公司不得不一户一户逐一审核，以确保调查的真实性。最终有贷款需求并通过资格审核的农户有 4000 多户，贷款总额 1.5 亿元左右。

其次是农商行有意拖延、延迟放款。2010 年 10 月，农担公司出具了第一批担保函，同意为 1700 户农户提供担保，总金额 4300 万元。但是到 2011 年 5 月笔者去调查时，已经办完放款手续的只有 22 户，还有 27 户正在办理，总计金额只有 100 多万元。一个重要原因是从 2010 年末开始央行不断加息，数次上调存款准备金率，银根不断紧缩，贷款利率普遍上浮了 50%～60%，如果按照之前双方签订的利率上浮不超过 30% 的协议放贷，农商行的收益会大大减少。利息上调后，农商行发放给涉农企业的贷款其实已经放弃了 30% 的贷款利率底线。可是成田县试点带有扶贫性质，农商行感到贸然提高利息难以向政府和农户交代，索性采取拖延的办法。此外，农商行承担 10% 的贷款损失的约定也带来了很大麻烦。农商行上市后加强了内部管理和考核，按照规定，只要存在风险问题（尽管只有 10%），县支行就要在县政府和农担公司之外独立对每个贷款户再进行一次调查和审核，这使银行工作量大大增加。另外，对于银行信贷员来说，即使再小的贷款风险也会影响其内部评级，进而影响他们的工资和奖金。因此尽管农商行总行愿意支持成田县试点，但是实际执行的成田县支行却没有积极性。当初农担公司与农商行签订的两条有利于农民的约定最后反而阻碍了贷款的发放。

针对这些情况，2011 年农担公司与农商行重新修订了协议：由农担公司承担 100% 的贷款损失；取消利率上浮不得超过 30% 的限制。至此，在试点运行之初制定的临时性制度基本被全部取消了。

（二）和平乡的改进

成田县试点推行了一年多，农户拿不到贷款，怨言很大；成田县政府也极为不满，多次提出批评，认为对他们的金融支持成了一句空话。于是 2011 年 3 月，农担公司决定在试点县中再选择一个乡作为试点，由他们直接出资发放委托贷款①。一来是对成田县政府有个交代，表明他们支持贫困地区发展的决心；二来也是"敲山震虎"，督促农商行尽快放款。

农担公司很快与成田县达成共识，选择了和平乡作为委托贷款试点乡。这个乡位于国家自然保护区的核心区，下辖 5 个村。委托贷款的意向敲定后，农担公司面临的最大问题就是如何对贷款进行贷后管理。农担公司在整个成田县仅有一个常驻人员负责日常联络，而和平乡交通不便，他们不可能派专员对贷款使用情况进行监管。这时农担公司想到了利用互助资金协会协助他们工作。庞辉松解释说："因为互助资金协会有个好处，它有点像典当行，你不还钱它可以牵猪、牵羊，但是我们担保公司不行。社员自己内部之间可以，我们不行。所以用它监管，又是一

---

① 委托贷款是由政府部门、企事业单位及个人等委托人提供资金，由金融机构（受托人）根据委托人确定的贷款对象、用途、金额、期限、利率等发放的贷款。受托金融机构只负责代为发放、监督使用并协助收回，不承担任何形式的贷款风险。

种补充手段，它可以变成我们的毛细血管。"

互助资金协会一般是以地方政府出资加农户入股的形式筹集贷款本金。C 市的做法是：市政府对每个贫困村村级互助资金协会补助 15 万元，通常村民入股再筹集 15 万 ~ 30 万元，这样每个互助资金协会的资金规模在 30 万 ~ 50 万元，由村民自主管理。和平乡只有一个贫困村拿到市政府的补贴款，建立了互助资金协会，其他四个非贫困村都未拿到市政府的补贴款。为此，成田县农委与和平乡政府专门到市扶贫办反映问题，希望市扶贫办考虑他们的特殊情况，破格发放补贴款。在市扶贫办拒绝后，成田县政府拿出 60 万元帮助剩下的四个村成立了互助资金协会。互助资金协会的结构基本上与村两委的班子重合，一般由村委会主任和村支书担任理事长、监事长，由村文书或村委会委员担任出纳和会计。

之后，又产生了新的问题：农村资金互助社"不得向非社员吸收存款、发放贷款及办理其他金融业务"，也就是说，它不具备向银行贷款的资格。于是人们采取了一种变通的办法：农民专业合作社是有贷款能力的，所以先由和平乡成立一个山地鸡专业合作社（合作社与乡政府是"一套班子、两块牌子"，合作社理事长由和平乡乡长兼任），然后所有贷款农户和 5 个村级互助资金协会都加入合作社，成为合作社的社员。这样正式的程序就变成了农担公司通过银行委托贷款给山地鸡专业合作社，合作社再把贷款分发给社员（各个需要贷款的农户），并委托 5 个互助资金协会代为履行监管职能。

此外，还有一个问题：最初农担公司打算让农民把"三权"特别是林权作为抵押品，后来发现和平乡的林地都被划入了国家自然保护区。按照规定，属于国家自然保护区的森林、林木和林地使用权不得抵押。但是和平乡村民的主要财产就是林地，如果把林权刨除在外的话，那么抵押品的价值就很小了。地方政府和农担公司对是否把林权纳入抵押范围一直存在分歧。市农委唐主任认为用国家自然保护区的林地进行抵押不符合国家规定，没法在相关部门进行登记，而且"要冒政治风险"，主张不要把林权计算在内。农担公司总经理庞辉松则坚持把林权加入反担保措施中。最终县农委做出妥协，同意以林权作为反担保措施之一。因林权不能直接办理抵押，于是采取了变通的办法：由贷款人承诺在贷款保期内不转让、赠予或挂失，并将林权证书原件交由农担公司保管。庞辉松的举动其实另有深意：国家对自然保护区的林地有补贴①，庞辉松希望预埋伏笔，以便日后得到市农委同意，从补贴款中拿出一部分资金作为还款的保证。

县政府也为试点大开方便之门，专门成立了"农村三权抵押委托贷款试点协调工作组"，随时研究解决委托贷款试点工作中遇到的各类重大问题。这个协调工作组"由县委副书记、县政府副县长负责，县政府金融办、县国土房管局、县农委、县林业局、县工商局牵头，县公安局、县民政局、县财政局、县扶贫办、县增收办、县银监办、县人民银行、农担公司、承办银行等部门和单位以及和平乡党政负责人为成员，建立联席会议制度，统筹推进各项工作"。由于县委领导亲自打了招呼，农民专业合作社和互助基金协会的审批手续才能在短期内迅速办好。同时，对和平乡试点，"县农业、林业、国土、财政、工商等部门按照抵押登记操作规程，完善抵（质）押登记，免收登记费用"；由于农民住在山里，交通不便，县农业、国土、税务等部门还特意组成联合工作组，下乡为农民现场办理抵押登记。县政府还同意拿出一笔钱（20万元左右）建立专项风险保证金，如果农户有违约行为可以先用专项风险保证金来偿还。

其实农担公司并不准备直接向欠账的农民追讨，他们真正能够拿到的是地方政府的钱，包括5个村级互助资金协会中县政府注资部分（共75万元）、县政府的专项风险保证金和未来可能从市农委争取到的补贴款。从委托贷款的角度来说，担保公司把钱发放给农民专业合作社（由乡政府管理）就完成了全部手续。后面把钱分发给每个农户、监督贷款的使用情况以及回收贷款都是乡政府具体执行的。《和平乡"农担公司"农村小额委托贷款试点项目风险管控办法》规定，风险管控主要由乡村干部负责，贷款审查、监督、催收等工作全部转移给村两委了。

村两委干部是最了解农村的，对于做农民的工作也有很多经验和办法。这些是银行和担保公司不具备的优势。关键在于他们是否有动力去监管信贷资金。农担公司清楚地认识到了这一点。最初在成田县的试点

---

①　即对国家自然保护区的生态补偿。据市农委的人说2012年成田县拿到了七八千万元。

效果并不太好，损失二八分成的协议并不能对村两委产生足够的激励。因此在和平乡试点中，农担公司一直在想方设法引导县乡政府的态度，通过种种努力促使他们重视金融工作。比如农担公司在向市里汇报时把县乡政府为试点工作做出的努力作为汇报重点之一；提高县乡政府对贷款损失的分担比例；督促县乡政府把贷款监督工作纳入干部考核指标中。这些制度安排把县乡政府和村委会干部的自身利益与信贷风险更加紧密地联系起来，使他们更有动力监管信贷资金。

在谈判中，县乡干部认为贷款风险很小，肯定能够收回，这是他们愿意向农担公司做出让步的原因。那么对贷款负有直接责任的基层政府又怎样防止机会主义行为出现呢？和平乡属贫困地区，每年政府都要发放大批补贴款，如果农户违约，县乡政府就会控制他的补贴款。比如笔者访问的一位养鸡户 2011 年得到了现金补贴 6500 元，此外还有饲料补贴，总补贴金额超过了 1 万元。他申请 2 万~3 万元贷款，对他来说"为了 3 万块钱要赖皮不值得"。用村民的话来说，"政府的办法很多，总有办法治你"。在这里，和平乡政府不是直接收房收地，而是把抵押品的产权问题转化为维持与乡政府的长期关系问题、享受政府补贴的资格问题。规则型治理与关系型治理巧妙地结合在一起，保护了信贷产权。

五　总结与讨论

本文深入探讨了农村信贷交易中的产权问题。长期以来，法律关于农村土地的收益权和转让权的界定比较模糊，农民只有在承包期内使用土地的权利，却不能对其进行抵押和转让。这严重制约了农民通过正规金融体系融资的能力。即便放松了土地抵押的限制，在政府干预下产权也常常无法实施。目前农村地区还没有建立起成熟的社会保障机制，土地、房屋不仅是农民的财产，还是他们的生产资料，更是他们生存的最终保障。基层政府出于地方保护主义和维护稳定的考虑，没有动力配合银行没收债务人特别是经济脆弱的农户的资产。产权的保护有赖于完备的制度，在制度不完备的情况下，规则型治理必然面临治理失灵的风险。这种结构性矛盾是产权问题的制度性根源。

　　而从局部性的制度安排来看，规则型治理和关系型治理的混合体制，可以加强对产权的保护。混合体制的具体安排取决于行动者所面临的制度环境、激励机制和自身特点。本文以 C 市农担公司为例，重点考察了产权的混合治理是如何实现的。农担公司是准政府组织，支持农业发展的愿望非常迫切；C 市是体制改革的试点城市，进行制度突破的空间比较大。因此农担公司有较大的激励进行制度创新、保护信贷债权，他们采取鼓励政府入股、农民结社等方式降低了政府行为的不确定性，增强了农民的还款意愿。

　　农担公司介入后，银行面临的产权风险降低了，但是这一风险并未完全得到化解，而是用农担公司 – 农户产权纠纷的可能性替代了银行 – 农户产权纠纷的可能性。因此并不是说农担公司就一定能降低风险，它只是把风险从银行转移到了农担公司。农担公司能否保护债权则主要取决于其动员的力量：既包括政府的力量，也包括乡土社会的道德力量。从农担公司的案例中我们可以看到，混合体制并未彻底化解产权风险，农担公司的试点成功与否高度依赖基层政府的权力和乡村精英。因此这种局部性的制度安排只能是权宜之计，完善的债权保护机制只能靠提供基础性的、稳定的社会制度来实现。

参考文献

曹正汉，2008，《产权的社会建构逻辑——评中国社会学家对产权的研究》，《社会学研究》第 1 期。

李而亮，2007，《萎缩的农村金融市场将使农业永处弱质地位》，《中国产经新闻报》6 月 18 日。

刘世定，1996，《占有制度的三个维度及占有认定机制——以乡镇企业为例》，载潘乃谷、马戎主编《社区研究与社会发展》（下），天津人民出版社。

刘世定，2003，《公共选择过程中的公平：逻辑与运作——中国农村土地调整的一个案例》，载刘世定主编《占有、认知与人际关系：对中国乡村制度变迁的经济社会学分析》，华夏出版社。

申静、王汉生，2005，《集体产权在中国乡村生活中的实践逻辑——社会学视角下的产权建构过程》，《社会学研究》第 1 期。

维纳什·K. 迪克西特，2007，《法律缺失与经济学：可供选择的经济治理方式》，郑江淮译，中国人民大学出版社。

张静，2003，《土地使用规则的不确定：一个解释框架》，《中国社会科学》第 1 期。

张静，2005，《二元整合秩序：一个财产纠纷案的分析》，《社会学研究》第 3 期。

折晓叶、陈婴婴，2004，《资本怎样运作？——对"改制"中资本能动性的社会学分析》，《中国社会科学》第 4 期。

折晓叶、陈婴婴，2005，《产权怎样界定？——一份集体产权私化的社会文本》，《社会学研究》第 4 期。

周其仁，2004，《产权与制度变迁》，北京大学出版社。

周雪光，2005，《关系产权：产权制度的一个社会学解释》，《社会学研究》第 2 期。

Carruthers, Bruce G., Babb Sarah, and Terence C. Halliday. 2002. "Institutionalizing Markets, or the Market for Institutions? Central Banks, Bankruptcy Laws, and the Globalization of Financial Markets", pp. 194 – 226, in *The Rise of Neoliberalism and Institutional Analysis*, Edited by John L. Campbell and Ove K. Pedersen. Princeton：Princeton University Press.

Kranhnen, J. P. and R. H. Schmidt. 1994. *Developing Finance as Institution Building*：*A New Approach to Poverty-oriented Banking*. Boulder：Westview Press.

La Porta, Rafael, Florencio Lopez-de-Silanes, Andrei Shleifer, and Robert W. Vishny. 1998. "Law and Finance", *Journal of Political Economy* 106：1113 – 1115.

Pistor, K., Y. Keinan, J. Kleinheisterkamp, and M. West. 2002. "Legal Evolution and the Transplant Effect: Lessons from Corporate Law Development in Six Transplant Countries", Background Paper Prepared for the World Development Report 2001 Institutions for a Market Economy.

欧洲美元的制度创新与场域革命：
民族国家国际金融的结构转型

陈介玄[*]

一 问题意识：美元为何会成为今日的美元？

最近美国量化宽松政策准备退场，引起了全球资本市场的震荡，股市与债市同时下跌，这提出了一个值得探讨的金融社会学问题：美元为何会有这样的全球支配力？从历史来看，18~19世纪的英镑也曾经有过类似的支配力。但是，其支配结构与20世纪以来的美元完全不同。因为英镑的支配力是长程贸易国际金融结构下的产物，美元的支配力是在成熟的民族国家的国际金融结构下发展，二者有本质的不同。这就说明了一个金融史上值得社会学探讨的课题：英镑在国际金融上的支配与美元在国际金融上的支配的差异，凸显了什么历史与社会结构的不同？这个问题之所以重要，是因为我们认为在民族国家国际金融的架构下，某一个国家的货币，像美元或英镑能成为国际关键货币，并不是一个纯金融市场的决定，而应该是一个社会建构的过程。

19世纪初期，主要国家尚未形成现有的民族国家之财政与金融体制，各国的中央银行尚未建立，因此，各国因战争或发展经济所需之公债发

* 陈介玄，东海大学社会学系教授、东亚社会经济研究中心主任。

行，皆以英镑计价，而扮演这个市场推动者和最后贷款者角色的，是罗斯柴尔德家族。从西方 700 年的长程贸易国际金融的发展来看，罗斯柴尔德家族在某种程度上类似于 15 世纪的富格家族和 18 世纪的霸菱家族，扮演着国际金融造市者的角色。可是，在漫长的长程贸易国际金融发展的阶段，真正决定关键货币角色的，并不是国际金融本身的体系，而是黄金与白银贵金属的准备地位。因此，美元在 1971 年与黄金脱钩形成实质的美元本位制，这在历史上是一个完全的社会创新。没有黄金当后盾的美元，如何成为支配全球的关键货币？这是本文所要探讨的核心问题。

从英镑到美元，以及从黄金美元本位制到美元本位制的发展，都是值得金融社会学探讨的课题，这一过程中隐含了从古典社会学到当代社会学对于资本主义研究未竟之事功。在国际金融发展过程中最值得社会学家注意的现象是，欧洲美元所启动的 20 世纪的金融革命。Carruthers 所指涉的英国 1672 ~ 1712 年之金融革命（Carruthers，1999），或 Dickson 探讨的 1720 年之金融革命（Dickson，1993）、Wennerlind 研究的 1620 ~ 1720 年之信用金融革命（Wennerlind，2011），以及 Carey 和 Finlay 二人所探讨的 1688 ~ 1815 年美国及英国之金融革命（Carey and Finlay，2011），与 1957 年欧洲美元所启动的金融革命皆无法相提并论。其原因主要在于欧洲美元的发展，是真正的国际金融之革命，因此，带动了跨国制度和场域的创新，这与英国或美国民族国家之内的金融革命皆有所不同。我们可以这么说，欧洲美元的发展，构成了历史上一个真正的金融世界支配经济世界的全球结构。这是本文探讨的主轴所在。

金融社会学的发展，随着 2008 年全球金融风暴的产生，而越来越受到重视。2010 年 Michael Lounsbury 和 Paul M. Hirsch 两人所编之 *Markets on Trial：The Economic Sociology of the US Financial Crisis* 一书，以及 2013 年 Karin Knorr Cetina 和 Alex Preda 两人所主编之 *The Oxford Handbook of the Sociology of Finance* 文集的出版，可说是进入了一个新的里程碑。但是，就产生 2008 年的全球金融风暴，或者对于当下越趋金融化的社会发展，欧美社会学者似乎都忽略了，与当下全球金融社会的发展密切相关的一个重要的历史变革，那就是欧洲美元国际金融的发展。当我们追问一个韦伯式的历史问题（美元为何会成为今日的美元？）时我们就会发现，从任何一个单一社会或民族国家的角度都无法解释这个问题。而对于直至目前仍被沿用的理论命题：德国以银行为主导的金融体系，和英美以市场为主导的金融体系，恰成两个不同的类型（Cetina and Preda，2013：1-2），在欧洲美元发展的金融创新中，对这种化约的金融类型，应该加以重新探讨。然而，由于欧美金融社会学者都没有注意到这个市场的发展，因而，也无法进行更深入的国际金融社会学的考察，这也是本文尝试要做出的知识贡献。

二　从罗斯柴尔德家族到欧洲美元

在研究罗斯柴尔德家族的个案之后，佛格森在其一千多页的研究专著中指出，罗斯柴尔德家族在经济史上最重要的贡献是创造了一个真正的国际债券市场（Ferguson，1999：xxiv）。他引用海涅的话，描述罗氏家族的重要性：如果货币是我们时代的上帝，罗斯柴尔德家族无疑是其先知（Ferguson，1999：xxiv）。佛格森对罗斯柴尔德家族的研究，为我们提供了研究欧洲美元发展的一个更宽阔的历史空间。19世纪罗斯柴尔德家族所发行的各国债券，清一色是以英镑计价，可见当时英镑在国际金融中的重要地位（Shaw，2006）。布劳岱更是肯定英镑的历史地位，认为这是英国国力强盛的奥秘（Braudel，1979）。事实上，1950~1970年代英镑在国际金融中仍然扮演一定的外汇储备的角色（Schenk，2010：23）。直到1971年，也就是欧洲美元发展14年之后，英镑才真正丧失其国际关键货币的地位。

回到19世纪，英镑所处的国际关键货币的地位，也说明了在从长程贸易国际金融到民族国家国际金融转换之际（陈介玄，2013），罗斯柴尔德家族扮演的重要角色。佛格森指出，罗斯柴尔德家族在金融上的创新，在于通过其家族在法国巴黎、英国伦敦、德国法兰克福、意大利那不勒斯以及奥地利维也纳的五个重要据点，同时发行债券，使全球投资者同时可在这五个据点购买罗氏家族所发行的债券（Ferguson，1999：xxiv）。在这个债券发行的金融创新之下，罗斯柴尔德家族不只拥有债券发行权，在不同国家之间进行价格套利及通货之调配，还拥有中央银行的地位，甚至不是单一国家的中央银行，而是全欧洲的中央银行，作为最后贷款人之最后贷款人的角色（Ferguson，1999：xxiv）。在这个角色下，罗斯柴尔德家族的债券遍及全球各国，从1818年为普鲁士发行公债开始，1822年为俄罗斯发行公债，1870年为西班牙发行公债，1879年为埃及发行公债，1892年为南非发行公债，1900年为智利发行公债，1905年为日本发行公债，1922年为巴西及法国发行公债，1926年为匈牙利发行公债（Shaw，2006），可见罗斯柴尔德家族已变成全球最大的债券之造市者，通过欧洲五个据点，形成一个全球性的债券买卖市场，而这些债券的主要计价货币皆是英镑。因而，我们可以说19世纪由罗斯柴尔德家族所型构的全球债券市场，是以英镑为主的资本市场。

债券作为西方资本市场发展的核心部分一直被忽略。从Edwards对于西方证券资本主义的研究中我们可以看出，从1843年英国伦敦开始的资本市场，80%的目标都是政府公债（Edwards，1967：19）。而Michie的全球证券史研究，也说明了证券市场一直被主流经济学者所忽视（Michie，2006）。如果说整个证券市场的发展，不为经济学者或一般社会科学学者注意，那么债券市场更是如此。因此，佛格森提醒我们注意罗斯柴尔德家族对于了解19世纪资本主义经济史的重要性（Ferguson，1998：3），是有其特别意义的。由于我们对于19世纪以英镑计价的债券市场之全球化不够了解，因而我们解读今日美元之全球地位便有所困难。因为一个国家的通货变成国际关键货币，除了货币本身的力量之外，同时还必须有证券化的深度，以及其对社会系统的影响力，而债券恰是最重要的工具形式。真正联结到当代国家之利率、汇率、财政、税收以及通胀的金融市场是债券市场。简单而言，当代国家会发行债券而不会发行股票，可见债券市场对于当代社会与国家发展的重要性。因此，我们可通过罗斯柴尔德家族的故事，了解19世纪国际金融发展的结构特质。

从西方长程贸易国际金融，过渡到民族国家国际金融的19世纪，罗斯柴尔德家族所代表的是典型的社会界定金融活动的产物（陈介玄，2013）。在诸多主权国家尚未形成、现代意义上的主权货币以及财政金融体系尚未成熟、中央银行也未建立的背景下，英国却是一枝独秀。早在光荣革命的 1688 年前后，英国完成金融革命，打造了现代化的金融政治及社会体系，这无疑为以后英镑取得国际关键货币地位打下了坚实的基础。然而，也正是因为在现代国家尚未形成的历史结构中，罗斯柴尔德家族才能获得绝佳的历史机缘，集聚庞大财富、占据金融史上前所未有的地位。因而，佛格森认为，在 20 世纪的今天，就是最大的国际银行，也无法取得类似 19 世纪罗斯柴尔德家族的地位（Ferguson，1998：3）。就此角度而言，罗斯柴尔德家族在某种意义上取代了尚未形成的各国的中央银行，进行国际化的公债发行，以及国际债券市场的运作。在此情形下，不是当代国家，而是一个家族在进行国际金融的建构，这是我们将其概念化为社会界定金融的意义，它体现的是一种由下而上的底层力量。可是历经两次世界大战，民族国家纷纷形成，现代社会的金融和财富体系跟着建立，各国中央银行开始扮演国际金融接口的角色，任何一个家族，即便是罗斯柴尔德家族，也再无法取得之前社会界定金融的权力，扮演国际金融建构者的角色。

以单一家族的力量建构全球债券市场故事的终结，是另一个精彩故事的起点，只是主角已不再是呼风唤雨的罗斯柴尔德家族，是历史在偶然中催生的一个市场，那就是欧洲美元市场。1970 ~ 2006 年，针对庞大的欧洲美元市场的研究著作（Einzig，1970；Versluysen，1981；Mendelsohn，1980；Little，1975；Clendenning，1970；Davis，1980；Quinn，1970；Roberts，2001；Burn，2006），为我们打开被历史尘封的一页，使我们见识到金融史上最重要的一次革命。这次金融革命至今仍然深深地影响着我们。如果说罗斯柴尔德家族把长程贸易国际金融的发展推到一个历史的高峰，说明了社会自主力量建构金融与政治抗衡的可能性，那么欧洲美元市场的发展，则是在民族国家控制国际金融的历史发展高峰中，再度确立了社会界定金融的能力。这使我们对于西方金融文明的发展，保有社会想要取得的一个自主与自由的想象空间，充满乐观的期待。而欧洲美元市场的发展，不但实现了这个期待，更以前所未有的力量发展出金融独特的制度与场域的建构能力。

三　伦敦国际金融制度作为策略行动场域

在田野访谈中，许多企业家以为美元之所以有今天国际关键货币的地位，是因为美国拥有世界霸权地位。如同英镑在 18～19 世纪的国际地位，没有英国的霸权，英镑不可能拥有国际关键货币的地位，但这并不是唯一的理由。英国打造的金融文明，及其金融制度框架和场域的独特性，是促成英镑成为国际关键货币的重要历史因素。英国伦敦是所有国际银行家，比如罗斯柴尔德家族、霸菱家族及施罗德家族等国际商人银行家及国际私人银行家最重要的策略行动场域。就 Fligstein 和 McAdam 两人所提出的策略行动场域的概念而言（Fligstein and McAdam，2012），伦敦是 18～19 世纪主要国际商人银行家最重要的策略行动场域。通过像罗斯柴尔德家族这类大的银行家族的建构，伦敦取得了其全球金融中心的地位。因而，我们可以说英镑的国际关键货币地位，与英国伦敦所建立的金融制度环境，已被全球重要的金融行动者视为其策略行动最重要的场域有内在关联。换言之，英镑作为国际关键货币，不仅仅是因为英国本身的国力，同时也是因为全世界的金融行动者，已将伦敦及英镑视为最重要的策略行动场域。在此，货币不只是货币，货币对金融行动者比如罗斯柴尔德家族而言，已变成一个策略行动场域。比如前述所言的替各国发行债券，通通以英镑计价，便能创建一个国际证券与货币流动性最高的场域。

伦敦之所以有这一历史的吸引力，与伦敦接替威尼斯、热那亚及阿姆斯特丹的金融文明，成为全球金融中心有重要的关系（Braudel，1984）。Neal 在其《金融资本主义的兴起》一书中说，伦敦作为阿姆斯特丹的后继者，有网络及制度传承上的优势（Neal，1990）。在 19 世纪，伦敦作为罗斯柴尔德家族全球债券运作中心，事实上已在其制度环境上展现了金融系统运作的完整基础。Edwards 认为到 19 世纪伦敦的资本市场已经发展成熟（Edwards，1967），Bisschop 研究了伦敦货币市场的发展，说明了其超越王权干预的自主发展（Bisschop，1967）。King 研究了伦敦的贴现市场，说明了其与货币市场的关系，以及与银行系统的联结，包括英格兰银行（King，1972）。因此，伦敦继承了西方的金融文明与技术，打造了一个成熟的金融制度，包括货币市场、资本市场以及贴现市场，使伦敦在国际金融结构中的位置，脱离了英国的政治实力，变成一个世界金融组织和机构制定金融行动策略最重要的场域。

从历史的纵深来看，伦敦的崛起亦是长程贸易国际金融的产物。从威尼斯、热那亚到阿姆斯特丹，这一长时段中国际金融的发展，使伦敦国际金融制度的成熟度逐渐提高，Williamson 所谈的资产专用性的优势，就国际金融领域而言，伦敦当是首屈一指（Williamson，1985，1999）。因而，伦敦吸引了全球重要的银行机构在此集结。Cassis 等研究了1890～1914年伦敦的银行及银行家，从英格兰银行、股份银行、殖民银行、商人银行、私人银行到贴现行，勾勒了整个伦敦的银行群像（Cassis et al.，2009）。而以伦敦为场域的私人银行，已占据着最重要的历史舞台、国际金融的制高点（Cassis et al.，2009）。因此，尽管在民族国家兴起之后，金融的制高点已不再由金融家独占，国家及其代理银行和中央银行有更大的权力型塑金融系统及其运作，但是，不可忽视的历史主轴仍然是长程贸易国际金融所缔造的社会界定金融的权力。伦敦在历史上的金融地位之所以延续至今，且仍是所有重要金融组织及机构的策略行动场域，恰恰说明了这一历史底蕴。

如此说来，伦敦的重要性已不在于其所能接受的金融内容或行动者，而在于伦敦以其在长期历史中的积累，作为一个重要的人类金融文明的制度与场域存在。重要的是伦敦金融制度及场域本身，构成了其对金融组织、机构以及企业的吸引力。这就无关英镑、法郎或美元的问题，因为哪一种国际关键货币在流通或运作，已不是最重要的决定因素，最重要的是能取得全球信任的制度和有效的场域。从某个角度而言，伦敦也脱离了英国而存在，因为它已经成为全球金融组织及企业共同打造的策略行动场域。在此前提下，伦敦的金融制度，也不是单一主权国家所能完全置喙的，而是由全球的策略行动者共同制定。长期以来，社会学对于场域的探讨（Bourdieu，1993），并没有跟一定的地理结构和历史结构联结，这是社会学理论的限制（陈介玄，2013）。从伦敦发展的历史个案来看，社会行动重要的场域，势必是历史结构、地理结构及社会结构的整合体，而伦敦在国际金融中的地位也就是这个整合体的极致。

基于上述对伦敦金融历史背景的简易考察，我们比较容易了解美元的故事。美元若要有类似英镑的发展历程，取得国际金融之支配地位，必然要脱离美国而走向全球。然而，在全球主权国家的发展格局下，主权货币的全球化，会比长程贸易国际金融时期金和银的全球化更困难。长程贸易国际金融和民族国家国际金融交融的一小段时间——英镑的发展历程，俗称古典金本位时期。黄金之所以能扮演重要的历史角色，是整体的民族国家体制尚未成熟，各国须仰赖一种共同认定的价值来进行贸易及金融往来。但是，在各个民族国家的发展逐渐成熟化、国内经济体的统合已形成一个利益体的时候，主权国家个别的利益考虑，就会超越国际的利益，这也是为何古典金本位在二战后解体的原因，因为每个国家开始要面对主权货币与社会经济整体性的结构问题。可是古典金本位的货币学研究（Gallarotti，1995；Eichengreen，1996），以及货币社会学的研究（Dodd，1994），并没有带给我们对于民族国家国际金融发展出路的更多知识。这主要在于他们忽略了，在民族国家国际金融发展的时期，特别是在《布雷顿森林协定》下，如何可以有一个不受主权国家控制的自律性全球金融市场出现？唯有回答了这个问题，我们才能知道在民族国家国际金融发展阶段，美元为何能脱离美国取代英镑而成为国际关键货币。

四 欧洲美元的制度创新与场域革命

步入 20 世纪民族国家国际金融阶段的主权货币，理论上，很难取得类似英镑在长程贸易国际金融时期的历史地位。这主要在于，已经建立完备金融体系和财政体系的民族国家，不再容许社会对于金融界定有过多的权力，因而银行家族的影响力到了这个阶段已经式微。而任何单一主权货币要想跃升为国际货币，势必要经过各国中央银行的考验，在此前提下，民族国家对国际金融的管制，有更多的政治权力和金融手段。经过二战的洗礼，全球经历了一次金融的大灾难，更了解维持国际金融秩序的重要性。因此，《布雷顿森林协定》的出现就可以理解了。但是，西方700年长程贸易国际金融的发展，已为全球跨境的资本流动以及贸易和金融活动奠定了坚实的基础。甚至可以说，西方的资本主义，就在于跨国的贸易与金融活动，展现其活力和文明的内涵。两次世界大战并没有切断这一源远流长的经济活动，主权国家协议的资本管制和固定汇率，只能在某一特定时期有约束力，全球资本的流动既成本质，它便需要寻找出路。

1944年的《布雷顿森林协定》，最重要的创新就在于把美元与黄金挂钩，以一盎司的黄金等同于35美元，将国际金融导入黄金美元本位制，解决了全球货币的稳定与流动问题。可是这一创新在全球资本管控之下，并没有为金融机构和企业带来发挥的空间。而美国在1929年经济大萧条的阴影下，在战后的金融管制氛围中，为解决美元外流问题，颁布了一系列管制法案，如《Q条例》及《利息平衡税法》，使跨国公司及金融机构更是雪上加霜（Clendenning，1970），寻求解套的需求更加迫切。在这一历史背景下，一个为英、美两个主权国家政府忽略的市场，慢慢地在伦敦茁壮成长（Burn，2006），那就是欧洲美元市场。从金融史角度来看，欧洲美元市场之所以重要，在于从长程贸易国际金融走向民族国家国际金融的阶段，一个由下而上、以社会界定金融的权力，竟然还有可能在民族国家之间形成与发展，这是全球金融文明发展史上最值得注意的一点。美元通过这个转折，走出美国的边界，离开美国政府的控制，大步迈向全球，翻开其历史新的一页，也为国际金融结构带来新的面貌。至此阶段，民族国家国际金融有了全新的意义。

回到前述的问题，中国台湾企业家对美元支配力的普遍误解，来自一般人对欧洲美元历史的无知，因而放大了美国作为世界霸权所能展现的金融影响力。如同前述的英镑，其作为18～19世纪的国际关键货币，并不仅仅是因为英国作为日不落帝国的霸权统治，更重要的是，伦敦已经继承了西方金融文明与技术长时段的发展成果，发展出全球最有效率的货币市场、资本市场以及贴现市场。正是因为有这些历史的制度优势，伦敦变成所有重要金融行动者和企业行动者最关键的策略行动场域。在这个前提下，英镑作为18～19世纪的国际关键货币，有了真正的历史基础。同样，美元的全球化也不能自外于这个历史轨迹，没有一个历史脉络与结构的依托，美元是不可能自为地成为接替英镑之后全球最重要的关键货币。脱离美联储控制的美元，在伦敦以欧洲美元的形式出现，将美元的国际金融性格，重新接回长程贸易国际金融时期的社会自为性格。这是美元当下存在最吊诡的一个事实。美元既是美国主权货币的表征，又是自主的国际关键货币的代表，因此，在无历史纵深的认知下，极容易造成混淆。很显然，厘清这一易混淆的点，了解欧洲美元发展的机制，是必要的途径。

对美国而言，二战后世界的复苏已消耗了大量的资源，1950 年代之后，美元的短缺，更加剧了美国对于资本外流的管控（Park，1974）。因此，美国的金融机构和跨国公司，不得不重新拟定其企业的行动策略。在欧洲方面，美国马歇尔计划援助欧洲重建的资金，和社会主义国家的美元存款，都在欧洲境内运作，如何取得不受美国政府管控的美元运用空间，变成美国与欧洲同时关心的课题。在这个前提下，前述伦敦在金融史上的特殊制度优势，变成全球金融行动者再度关注的焦点。若以伦敦的制度为平台，形成美元在美国华尔街之外的交易中心，即可解决因美国法案管制而产生的资本取得的困难。而英国政府受限于英镑的短缺，亦不愿英镑大量外流为国际资本所用，因而乐见美元为全球资本重视。在这个历史时空中，1957 年欧洲美元在伦敦诞生，宣告一个新的美元时代的到来，而在伦敦的美元，事实上，已不是美国的美元，而是全球的美元。美元历经欧洲美元，以及其后在新加坡亚洲美元发展的转折，已是一种真正的全球货币。将民族国家国际金融推向一个新的境界发展，其中最关键的改变就在于，欧洲美元市场所建立的金融制度和场域革命给全世界带来的影响。

就欧洲美元市场的制度创新而言，第一个重要的制度创新是将货币市场、信贷市场及资本市场整合在一起。传统以时间长短区分资本运作的模式——一年以下为货币市场、一年以上为资本市场的模式，通过欧洲美元市场的发展，形成了短期拆借的货币市场、中期联贷的信贷市场，以及长期融资的债券市场。欧洲美元市场通过对三种传统金融市场的整合，使美元作为金融机构和跨国公司计价、交换、储存及准备的货币，增强了美元作为一种国际货币的权力。由于在三个市场之间可自由交易以及运作速度较快（Little，1975：3－5），各国商业银行、投资银行、私人银行以及中央银行纷纷依赖这个市场进行国内金融与国际金融货币及信贷上的调节。在各国中央银行投入后，这个市场的制度创新已被完全肯定。而有了欧洲美元市场的国际流动性机制，也使各国中央银行的美元储备变成黄金之外一种重要的形式。

欧洲美元市场第二个重要的制度创新是，建立了人类金融史上第一个真正的国际利率结构。在主权国家成立之后，各国央行会管控各自的利率，使利率结构能契合各国经济发展和物价水平的稳定。在某种程度上，在现代国家的财政及金融体系形成之后，各国利率受到其政府的管制或者干预，实属不可避免。但是，由于欧洲美元市场是在各个主权国家管制之外发展起来的市场，所以这个市场的利率结构，在国际上由这个市场的拆借交易主体因应内外部因素自行决定，因此，也就真正形成了波兰尼所称的自律性市场（Polanyi，2001）。有了这个国际自主的利率结构，各个金融机构以及跨国公司可在国内利率与国际利率之间进行套利的金融操作，产生了所有与利率相关的衍生性金融商品的创新，这是欧洲美元利率结构的形成对于全球金融系统及主权国家金融系统产生的极为深远的影响。在这个前提下，民族国家国际金融的发展，在制度上才有了实质性的转化，在国家金融制度之外，形成了一种真正的国际金融制度。

欧洲美元市场第三个重要的制度创新是将货币市场与外汇市场实现实质性的联结，使外汇的使用，不需要经由买卖而可以通过拆借完成。就此而言，欧洲美元市场导致巨大的金融创展。将外汇的使用由买卖改成拆借，使原来货币市场的功能得以扩大，而与汇率市场联结。企业使用汇率的概念，如果是以买卖的形式进行，在一定的时间点上，汇率的买卖便有汇率损失和汇率收益的问题，对企业在外汇的使用上造成很大的困扰。但是，若将汇率的使用改成拆借，在汇率的使用上时间将不再是固定的时点，而是流动的时点，因此，汇率买卖点的损失和利得问题即可解决。再加上经由欧洲美元市场的展延制度，短期拆借可变成长期拆借，这就扩大了信贷使用的规模，延长了使用时限，使信用在金融及产业的使用上有了新的可能性。无疑，欧洲美元市场的发展给信贷使用带来了革命性的影响。

欧洲美元市场第四个重要的制度创新，是对金融资产与负债观念以及运作模式的改变。通过上述三个重要的制度创新，欧洲美元市场改变了资产和负债的内涵及其相互之间的关联性。由于欧洲美元市场在设计上可以将不同时段的融资整合在一起，长期性的欧洲美元债券，可以在短期性的拆借市场再进行融资，这就使欧洲美元市场的短期资金与长期资金可以交互使用，增强了资金的效能。加上欧洲美元市场与外汇市场相联结，买卖的外汇可以改成拆借，使资产与负债可以互相转化。在欧洲美元市场的运作下，持有负债的任何企业或金融机构，可以将其转变成资产的属性而存在，从而也就将负债转换成马克思意义上的资本概念（Marx，1967）。

欧洲美元市场第五个制度上的创新是以社会界定金融的权力取得民族国家的认同。就国际金融长时段的发展脉络来看，欧洲美元市场的制度发展，是在民族国家形成与成熟的权力结构中，取得了金融自主的地位。这对民族国家所管制的金融体系而言，或者就《布雷顿森林协定》下的全球金融体制来说，都是重要的制度创新，呼应着由下而上的长程贸易国际金融的基本精神。欧洲美元使国际金融具有开放自主的空间，而与国家金融相互抗衡和联结。有了这一制度创新，美元既作为美国民族国家的货币，又作为全球国际货币的发挥空间就完全不同于早期的英镑。这是美元之所以成为今日美元的重要的历史结构之一。然而，美元之所以成为今日的美元，还有一个重要的历史结构的支撑，那就是欧洲美元市场在场域上的革命，有了场域上的革命，才完整地造就了今日美元在国际金融中的地位。

表面上看，欧洲美元是在伦敦发展，事实上，欧洲美元市场所立基的伦敦，并不完全是原来的伦敦，而是一个"境外的伦敦"。在此，欧洲美元市场的发展，带动了金融史上一次重要的场域革命。从 Palan 等人对于境外世界的研究（Palan，2006；Sharman，2006）中我们可以看到境外金融环绕着许多所谓的免税天堂发展（Hampton，1996；Zysman，1983；Hampton and Abbott，1999）。这些境外金融的发展，若纯粹出于避税考虑，提供公司注册地的策略布局，并没有太大的历史意义。然而，在欧洲美元市场的发展下，将伦敦从境内国际金融中心，变成境外国际金融中心，其历史意义就完全不同。换言之，以伦敦为核心的欧洲美元市场的发展，建立了全球金融系统、金融机构与免税天堂的内在联系，使免税天堂与国际金融结构相联结。因此，欧洲美元市场除了上述制度创新之外，最重要的就是对于金融场域的革命，将国际金融的发展从境内场域扩展到境外场域，使金融的运作既在民族国家的领土边界之内，同时又在其司法管辖之外。这个看似矛盾的发展位置，却深入地说明了欧洲美元市场所促成的境外金融与国际金融汇流的事实。也正是因为欧洲美元市场给金融场域带来的革命，使欧洲美元的发展，经历了一个复杂的制度与场域之间互相建构的历史过程。

欧洲美元市场在制度上的创新与场域上的革命，带来了一个社会学金融研究上重要的问题，那就是一个新的金融创新，会经历何种复杂的社会界定过程才能实现其正当性支配？欧洲美元市场的发展，无疑是探讨这个问题最好的对象。欧洲美元市场发展的进程，包含了诸多不同层次的社会界定。首先在于纯粹金融范畴上的界定，欧洲美元市场必须为所有金融行动者认定为一个可接受的市场，所以，它的发展首先要面对金融界定的问题。其次在于政治范畴上的界定。各个国家如何面对欧洲美元的发展？特别是英国和美国。两个国家从原来的无知，到研究它、接纳它，说明欧洲美元市场面临严肃的政治界定问题。Gary Burn 的研究为欧洲美元的政治界定过程提供了精彩的参考（Burn，2006）。因而我们不能将欧洲美元市场视为纯粹的金融场域。欧洲美元市场有其特定政治范畴的意义，基于这一观点我们可以说，欧洲美元市场是一个多边政治界定的产物。再次是合法性范畴的界定，也就是法律界定的过程。欧洲美元市场的运作，在法律上属于境外范畴，如果没有法律明确定义的过程，那么欧洲美元市场中的银行、中介组织、投资人等就无法实际运作，以银行贷款合约为例，在欧洲美元市场的借贷过程中，必须仰赖法律清晰界定其中的权利与义务，欧洲美元才可能有效运作。最后，欧洲美元的社会界定过程。国际金融与国内金融发展的不同就在于国际金融的不透明性。国际金融的发展与变化，一般人是难以发现和觉察的，所以欧洲美元的社会界定过程，反而是最后才完成。欧洲美元的发展是从一小部分具支配力的行动者和组织开始，在其系统成熟之后才为国际社会接受。欧洲美元一旦完成了其金融、政治、法律及社会界定之后，其支配性力量便深入日常生活，形成不可逆转的结构。

五　欧洲美元建构了金融世界

从某个角度来说，欧洲美元建构了一个全新的金融世界，因为欧洲美元的发展将全球的主权国家结合在一起，形成一个金融资源互为融通的系统。而在这个发展的系统下，欧洲美元与全球主权国家的金融关系，大致可用图 1 表示。

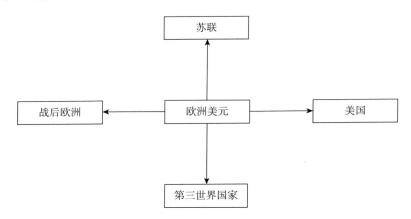

图 1　欧洲美元与全球主权国家的金融关系

图 1 中，不管是哪个区块的主权国家，都和欧洲美元有非常紧密的关联。从某个角度来说，四大区块分别对欧洲美元市场有着不同的需求。尽管美国作为世界经济发展发动机的引擎——美元的输出国，但仍受制于其与全球其他主权国家的关系。而欧洲通过如伦敦、法兰克福、柏林等先进的金融中心，将欧洲美元市场转变成可运作的金融市场。这些欧洲主权国家，就是欧洲美元市场发展的受惠者。苏联也利用欧洲美元市场保存其美元资产，而第三世界国家更是欧洲美元市场主要的贷款者。

从政治经济学的角度来看，欧洲美元成为全球政治经济结构一个重要的平衡器、全球金融资源分配最有效的机制。美国的联准会、英国的英格兰银行、苏联的中央银行与第三世界国家的中央银行，各自处于相当不同的经济与金融情境。有钱的主权国家，如美国；缺乏资金的主权国家，如欧洲或第三世界国家；或是有资金却又缺乏流动性的国家，如苏联。欧洲美元变成全球政治经济结构的平衡器，同时也代表了一个新的全球"金融世界"的产生。欧洲美元之所以是平衡器，其原因在于每个国家都可获得参与市场的不同角色，而这些角色彼此互补。我们就此可以看到国际金融与国际政治彼此密切关联的图像。在这个图像中，由欧洲美元市场所建构的金融世界变成金融全球化最核心的运作机制。

如果欧洲美元是全球重要的资源分配机制，是全球政治经济结构的平衡器，那么这也意味着欧洲美元开始对每个国家产生实质的影响，特别是其国内既存的金融系统。欧洲美元在改变国际金融运作模式的同时，也大大改变了各国政府与企业的融资行为。因为欧洲美元市场是一个银行间的拆借市场，所以从某个角度来说是效率最高的市场。因此当国家及企业需要大量资金的时候，即可以通过欧洲美元市场进行融资。所以欧洲美元市场的发展即对国内既存的金融系统构成挑战。于是，包括中国台湾、中国香港、新加坡、韩国、日本或美国在内的国家和地区，在20世纪80年代，都不得不因应欧洲美元市场的发展，建立其境外金融制度。就欧洲美元市场所建构的金融世界来说，欧洲美元市场同时聚集世界各国的资源，反过来也影响了主权国家的金融系统。因而，基于欧洲美元形成的当代金融世界，已非长程贸易国际金融时期的上层资本主义活动，而是会影响各个国家经济及金融运作的普遍性系统。在这个系统的运作下，美元变成促使此系统运作不息的血液。因此，重要的已不是美元或英镑，而是由欧洲美元市场创建的制度、场域以及金融世界。这些基于特定地理结构、历史结构以及社会结构形成的金融环境，已变成21世纪金融社会的基础。

六　结论

美元之所以成为今日的美元，早在罗斯柴尔德家族时代就已决定。罗氏家族在19世纪的国际金融历史阶段，已打下了今日欧洲美元债券市场的全球基础，使成千上万的公司以债券筹资成为可能，也使全球投资人可用债券作为固定收益的金融资产。在债券全球化的发展过程中出现一种可做国际交易及资产计价的货币，已是结构上的必然。英镑在罗氏家族发行各国公债时，作为主要的计价单位，已说明证券资本主义来临的金融体系与社会结构，需要一个更基础性的为全球所用的货币。如此说来，罗斯柴尔德家族的发展，在资本主义经济史上，表明的是一个新国际金融结构的诞生。这个国际金融结构的核心，已不再是贵金属金和银，而是某一种为金融结构和社会结构认可的货币，以方便齐美尔所说的货币社会的运作（Simmel，1990）。从 20 世纪后期的英镑到今日的美元，表达的正是这样一种金融社会必要的货币流通机制。

但是，历史上出现像罗斯柴尔德家族这种造市者，也需要有容许其金融创新的场域，伦敦正扮演了这样的角色。西方长程贸易国际金融的制度与技术发展，全部为伦敦继承。伦敦在整合货币市场、资本市场及贴现市场的制度优势下，成为所有重要国际金融行动者的策略行动场域，说明从罗斯柴尔德家族开始到欧洲美元整整 200 年的制度环境的优势。从某个角度而言，伦敦已形成金融史上一个自我创新机制的循环，使其制度的创新一直领先于全球。欧洲美元市场的发展，再度说明伦敦所具有的历史优势。更重要的是，通过欧洲美元市场的发展，伦敦已不只是在制度上创新，更重要的是，进行金融场域的革命，使一个司法管辖权下的境内实体，可以容许一个具有法律地位的境外金融场域的发展。这无疑又是金融史上的一大突破，使西方金融文明展现出更多元的生命力。

从欧洲美元市场的发展来看，金融制度的形成，是一个结构化的过程。所以如果一个制度结构化 700 年之久，以国际金融史为例，我们便必须对制度进行知识考古学探讨，才可能真正理解金融知识复杂的支配机制。制度在结构化的过程中，其实也伴随着大量知识实体的出现。如英国从《泡沫法案》开始至今，其制度发展过程已融入各种知识。这是讨论国际金融制度发展的困难所在。国际金融的知识含量并非某单一事件所能反映与累积的，而是各种金融界定、政治界定、法律界定与社会界定的产物。而这也意味着，金融是各种知识的酝酿与累积。然而，面对这样高度复杂的知识实体，2008 年全球金融风暴已经昭示我们，金融不只是技术的操作和数学模型，将金融知识实体与金融操作分开，只谈金融操作而忽略金融的历史与知识实体，只是将问题简化，并不代表我们能够更清楚地理解金融知识及其支配性。通过对欧洲美元市场发展的研究，我们才能掌握西方民族国家国际金融重要的结构转折，以及这一结构转折对未来金融社会发展的意义。也唯有如此，我们才能够理解，为何金融对西方文明产生了如此巨大的影响。

参考文献

陈介玄，2011，《流动的国界：境外金融兴起及其历史意义》，第六届金融、技术与社会学术研讨会，2011 年 12 月 6 日。

陈介玄，2013，《从社会界定到法律界定》，海峡两岸社会经济的变迁研讨会，2013 年 5 月 17 日。

Bisschop，W. R. 1967. *The Rise of the London Money Market，1640 - 1826.* Abingdon-on-Thames，England：Routledge.

Bourdieu，Pierre. 1993. *The Field of Cultural Production：Essays on Art and Literature.* New York：Columbia University Press.

Braudel，Fernand. 1979. *The Structures of Everyday Life：Civilization & Capitalism，15th - 18th Century.* New York：Harper &Row.

Braudel，Fernand. 1984. *The Perspective of the World：Civilization & Capitalism，15th - 18th Century：Volume 3.* New York：Harper &Row.

Burn，Gary. 2006. *The Re-Emergence of Global Finance.* Basingstoke：Palgrave Macmillan.

Carey，Daniel and Finlay，Christopher J. 2011. *The Empire of Credit：The Financial Revolution in the British Atlantic World，1688 - 1815.* Dublin [u. a.]：Irish Academic Press.

Carruthers，Bruce G. 1999. *City of Capital：Politics and Markets in the English Financial Revolution.* New Jersey：Princeton University Press.

Cassis，Youssef. 2009. *City Bankers，1890 - 1914.* Cambridge：Cambridge University Press.

Cassis，Y.，Cottrell，P. L.，Pohle，M.，& Fraser，I. L. 2009. *The World of Private Banking.* Farnham，England：Ashgate.

Cetina，Karin Knorr and Preda，Alex（eds.）. 2013. *The Oxford Handbook of the Sociology of Finance.* Oxford：Oxford University Press.

Clendenning，E. Wayne. 1970. *The Euro-Dollar Market.* Oxford：Oxford University Press.

Davis, Steven I. 1980. *The Euro-Bank: Its Origins, Management and Outlook.* Macmillan.

Dickson, P. G. M. 1993. *The Financial Revolution in England: A Study in the Development of Public Credit, 1688 – 1756.* New York, NY: St. Martin's Press.

Dodd, Nigel. 1994. *The Sociology of Money: Economics, Reason and Contemporary Society.* New York: Continuum Intl Pub Group.

Edwards, George W. 1967. *The Evolution of Finance Capitalism.* Augustus M Kelley Pubs, New issue of 1938 edition.

Eichengreen, Barry. 1996. *Golden Fetters: The Gold Standard and the Great Depression, 1919 – 1939.* Oxford: Oxford University Press.

Einzig, Paul. 1970. *The History of Foreign Exchange.* Basingstoke: Palgrave Macmillan.

Ferguson, Niall. 1998. *The House of Rothschild: Volume 1: Money's Prophets: 1798 – 1848.* New York: Viking Adult.

Ferguson, Niall. 1999. *The House of Rothschild: Volume 2: The World's Banker: 1849 – 1999.* London: Penguin Books.

Fligstein, Neil and McAdam, Doug. 2012. *A Theory of Fields.* Oxford: Oxford University Press.

Gallarotti, Giulio M. 1995. *The Anatomy of an International Monetary Regime: The Classical Gold Standard, 1880 – 1914.* Oxford: Oxford University Press.

Hampton, Mark P. and Abbott, Jason P. 1999. *Offshore Finance Centers and Tax Havens: The Rise of Global Capital.* Purdue University Press.

Hampton, Mary N. 1996. *The Wilsonian Impulse: U.S. Foreign Policy, the Alliance, and German Unification.* Praeger.

King, W. T. C. 1972. *History of the London Discount Market.* London: Routledge.

Little, Jane Sneddon. 1975. *Euro-Dollars: The Money-Market Gypsies.* New York: Harper & Row.

Marx, Karl. 1967. *Capital: A Critique of Political Economy (I): The Process of Capitalist Production.* New York: International Publishers.

Mendelsohn, M. S. 1980. *Money on the Move: Modern International Capital Market.* New York: McGraw-Hill Inc.

Michie, Ranald. 2006. *The Global Securities Market: A History.* Oxford: Oxford University Press.

Neal, Larry. 1990. *The Rise of Financial Capitalism: International Capital Markets in the Age of Reason.* Cambridge: Cambridge University Press.

Palan, Ronen. 2006. *The Offshore World: Sovereign Markets, Virtual Places, and Nomad Millionaires.* Cornell University Press.

Palan, Ronen. 2010. *Tax Havens: How Globalization Really Works.* Cornell University Press.

Park, Yoon S. 1974. *The Eurobond Market: Function and Structure.* Praeger.

Polanyi, Karl. 2001. *The Great Transformation: The Political and Economic Origins of Our Time.* Beacon Press.

Quinn, Brian Scott. 1970. *The New Euromarkets: Theoretical and Practical Study of International Financing in the Eurobond, Eurocurrency and Related Financial Markets.* Basingstoke: Palgrave Macmillan.

Roberts, Richard. 2001. *Take Your Partners.* Basingstoke: Palgrave Macmillan.

Schenk, Catherine R. 2010. *International Economic Relations Since 1945.* London: Routledge.

Sharman, J. C. 2006. *Havens in a Storm: The Struggle for Global Tax Regulation.* Cornell University Press.

Shaw, Caroline S. 2006. *The Necessary Security: An Illustrated History of Rothschild Bonds.* London: Rothschild Archive.

Simmel, Georg. 1990. *The Philosophy of Money.* London: Routledge.

Versluysen, Eugene. 1981. *The Political Economy of International Finance.* Basingstoke: Palgrave Macmillan.

Wennerlind, Carl. 2011. *Casualties of Credit: The English Financial Revolution, 1620 – 1720.* Massachusetts: Harvard University Press.

Williamson, Oliver E. 1985. *The Economic Institutions of Capitalism.* Free Press.

Williamson, Oliver E. 1999. *The Mechanisms of Governance.* Oxford: Oxford University Press.

Zysman, John. 1983. *Governments, Markets, and Growth: Financial Systems and Politics of Industrial Change.* Cornell University Press.

图书在版编目（CIP）数据

当代社会的金融化与技术化：制度结构的转变／邱
泽奇，陈介玄，刘世定主编. -- 北京：社会科学文献出
版社，2022.7
（中国社会研究）
ISBN 978 - 7 - 5228 - 0251 - 0

Ⅰ. ①当… Ⅱ. ①邱… ②陈… ③刘… Ⅲ. ①金融 -
经济社会学 - 文集 Ⅳ. ①F830 - 53

中国版本图书馆 CIP 数据核字（2022）第 099335 号

中国社会研究

当代社会的金融化与技术化：制度结构的转变

主　　编／邱泽奇　陈介玄　刘世定

出 版 人／王利民
责任编辑／杨桂凤
责任印制／王京美

出　　版／社会科学文献出版社·群学出版分社（010）59366453
　　　　　　地址：北京市北三环中路甲29号院华龙大厦　邮编：100029
　　　　　　网址：www.ssap.com.cn
发　　行／社会科学文献出版社（010）59367028
印　　装／三河市龙林印务有限公司

规　　格／开　本：787mm×1092mm　1/16
　　　　　　印　张：10.5　字　数：162千字
版　　次／2022年7月第1版　2022年7月第1次印刷
书　　号／ISBN 978 - 7 - 5228 - 0251 - 0
定　　价／98.00元

读者服务电话：4008918866